小学生

都道府県・世界の国 カード315

ミニポスターつき

都道府県・地図記号・世界地図・国旗

Gakken

この本の使い方

小学生のうちに身につけておきたい「都道府県・地図記号・世界の国」を全315枚のカードにしました。ミシン目で切り取り，付属のリングでとめて持ち歩けば，いつでも・どこでも確認できる，自分だけのカード集が作れます。

小学生の都道府県・世界の国カード

5種類のカードがあります。オモテ面の形やヒントなどを元に，クイズに答えましょう。

■都道府県カード

オモテ面

ウラ面

都道府県庁所在地

■都道府県ランキングカード

■ 地図記号カード

何の地図記号?

（南アメリカ）

ヒント 幅の広い葉をもつ樹木が集まっているところ。

101

こたえ

広葉樹林

幅が広く、平たい葉をもつ樹木を広葉樹といい、ぶな・なら・けやき・かしなどがあります。広葉樹が集まった森林が広葉樹林です。広葉樹を横から見た形を記号にしています。

101

■ 世界の国カード

どこの国かな?

南アメリカ

ヒント アンデス山脈が連なる国。南部に氷河がみられる。

181

こたえ

アルゼンチン

首都 ▶ ブエノスアイレス

🍴 アサード（厚切りの牛肉）、マテ茶
🍃 イグアスの滝、パタゴニア
● サッカー、アルゼンチンタンゴ

181

〈マークの意味〉

🏠 建造物など

🍴 食べ物

🍃 自然

👕 民族衣装など

● その他

■ 都道府県　一問一答カード

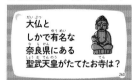

大仏としかで有名な奈良県にある聖武天皇がたてたお寺は?

260

こたえ

東大寺

東大寺の大仏は752年につくられました。その後、何度も修復されています。

260

※各都道府県、各国の地図の縮尺は一定ではなく、カードのサイズに合わせて見やすい大きさに変えています。また、一部の島、湖、川などを省略している場合があります。
※川や湖、山脈などの地形は、代表的なものを掲載しています。
※農作物や工芸品など産物のイラストは、代表的なものを掲載しています。
※塗り物は🥣、焼き物は🍵で表しています。
※国の名前は、一般的に使われることの多い通称で表記している場合があります。
※国旗のたてと横の比率は、国際連合で使用している2：3になっています。

ミニポスター

ポスターが8種類！

自宅に貼れるポスターが8種類あります。目につくところに貼って，楽しみながら学習しましょう。

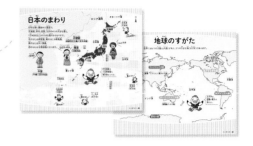

カードの上手な切り方

①たてのミシン目にそってしっかり折る

②折り目のはしをつまんで少しだけ切る

③ミシン目の内側をおさえながら，少し丸めるようにして，切り取る

小学生の都道府県・世界の国カードの目次

カードは5色に分けています。

日本のまわり

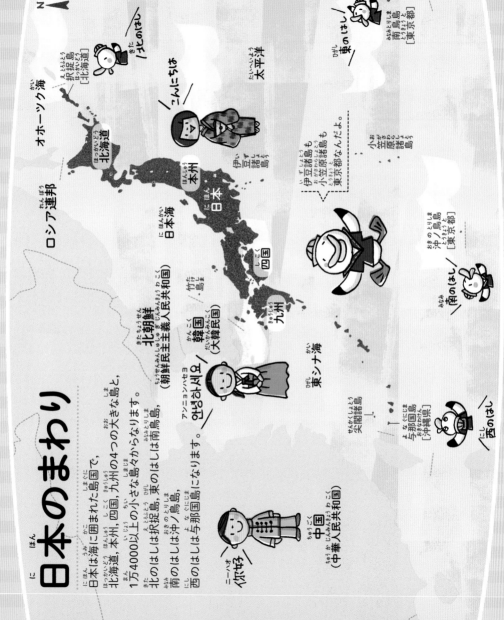

日本は海に囲まれた島国で、
北海道、本州、四国、九州の4つの大きな島と、
1万4000以上の小さな島々からなります。
北のはしは択捉島、東のはしは南鳥島、
南のはしは沖ノ鳥島、
西のはしは与那国島になります。

ロシア連邦

オホーツク海

北海道

択捉島
[北海道]

北のはし

こんにちは

北海道

本州

日本

伊豆諸島

伊豆諸島も
東京都なんだよ。

小笠原諸島も
東京都なんだよ。

小笠原諸島

太平洋

東のはし

南鳥島
[東京都]

日本海

四国

北朝鮮
(朝鮮民主主義人民共和国)

韓国
(大韓民国)

안녕하세요

竹島
島根県

九州

東シナ海

南のはし

沖ノ鳥島
[東京都]

西のはし

与那国島
[沖縄県]

尖閣諸島

中国
(中華人民共和国)

你好

日本

N

日本の地方区分

日本は、大きく北海道地方、東北地方、関東地方、中部地方、近畿地方、中国地方、四国地方、九州地方の8つの地方※に分けられます。

中部地方は日本海側を北陸、内陸部を中央高地、太平洋側を東海とよびます。

中国地方は日本海側を山陰、瀬戸内海側を山陽とよびます。

※中国地方と四国地方を合わせて中国四国地方とし、7つの地方に分けることもあります。

中国地方
山陰
山陽

四国地方

近畿地方

九州地方

中部地方
北陸
中央高地
東海

みんなの住んでいる地方はどこかな？

北海道地方

関東地方

東北地方

N

都道府県

日本は、1都(東京都)・1道(北海道)・2府(京都府と大阪府)・43県からなり、全部で47の都道府県があります。都道府県の位置、都道府県庁所在地を合わせて確認しましょう。

N

① 北海道:札幌市

② 青森県:青森市
③ 岩手県:盛岡市
④ 宮城県:仙台市
⑤ 秋田県:秋田市
⑥ 山形県:山形市
⑦ 福島県:福島市

⑧ 茨城県:水戸市
⑨ 栃木県:宇都宮市
⑩ 群馬県:前橋市
⑪ 埼玉県:さいたま市
⑫ 千葉県:千葉市
⑬ 東京都:東京新宿区
⑭ 神奈川県:横浜市

※都道府県名、都道府県庁所在地の順にならんでいます。

※①などの丸数字は都道府県の位置を示したもので、都道府県庁所在地の位置を示すものではありません。

⑮ 新潟県:新潟市
⑯ 富山県:富山市
⑰ 石川県:金沢市
⑱ 福井県:福井市
⑲ 山梨県:甲府市
⑳ 長野県:長野市

㉑ 岐阜県:岐阜市
㉒ 静岡県:静岡市
㉓ 愛知県:名古屋市

㉔ 三重県:津市
㉕ 滋賀県:大津市
㉖ 京都府:京都市
㉗ 大阪府:大阪市
㉘ 兵庫県:神戸市
㉙ 奈良県:奈良市
㉚ 和歌山県:和歌山市

㉛ 鳥取県:鳥取市
㉜ 島根県:松江市
㉝ 岡山県:岡山市
㉞ 広島県:広島市
㉟ 山口県:山口市

㊱ 徳島県:徳島市
㊲ 香川県:高松市
㊳ 愛媛県:松山市
㊴ 高知県:高知市

㊵ 福岡県:福岡市
㊶ 佐賀県:佐賀市
㊷ 長崎県:長崎市
㊸ 熊本県:熊本市
㊹ 大分県:大分市
㊺ 宮崎県:宮崎市
㊻ 鹿児島県:鹿児島市
㊼ 沖縄県:那覇市

方位

方位は、東、西、南、北などの向きです。

方位は、東、西、南、北の4つの方位を基本といいます。

東、西、南、北に、北東、北西、南東、南西を加えたものが八方位です。

方位じしんは、方位を正確に調べる道具です。

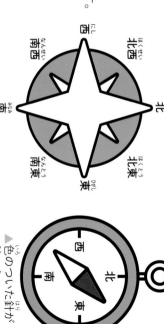

八方位

北西　北　北東

西　　　　東

南西　南　南東

方位じしん

▲色のついた針が北を指します。

西　北　東　南

日本の気候

北海道…… 夏でもすずしく、冬は寒さが厳しくなります。

太平洋側…… 夏は南東の季節風の影響で降水量（雨）が多く、冬は乾燥して晴れの日が続きます。

日本海側…… 夏は晴れの日が続きますが、冬は北西の季節風の影響で雪や雨が多いです。

中央高地…… 1年を通じて降水量（雨）が少なく、夏と冬の季節差が大きいです。

瀬戸内…… 1年を通じて気温が高く、冬でも温暖です。

南西諸島…… 1年を通じて降水量（雨）が多いです。

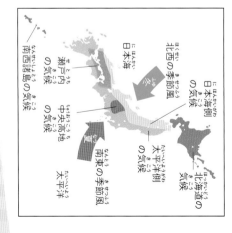

日本海側の気候
北海道の気候
太平洋側の気候
中央高地の気候
瀬戸内の気候
南西諸島の気候

北西の季節風
冬
夏
日本海
南東の季節風
太平洋

地球のすがた

世界には6つの大陸（6大陸）があり、3つの大きな海（3大洋）があります。

大西洋

北アメリカ大陸

南アメリカ大陸

太平洋は、面積が最大の海だよ。

太平洋

ユーラシア大陸
（面積・人口ともに最大の大陸）

オーストラリア大陸
（面積最小の大陸）

アフリカ大陸

インド洋

南極大陸

世界の国旗 ①

アジア

日本

中国（中華人民共和国）

韓国（大韓民国）

モンゴル

ベトナム

カンボジア

ミャンマー

シンガポール

タイ

フィリピン

インドネシア

インド

ネパール

マレーシア

アフガニスタン

イラン

イラク

スリランカ

パキスタン

サウジアラビア

アラブ首長国連邦

シリア

イスラエル

トルコ

世界の国旗②

オセアニア

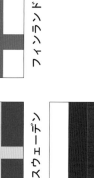
パプアニューギニア

ニュージーランド

オーストラリア

フィジー

ヨーロッパ

イギリス

フランス

オランダ

ベルギー

スイス

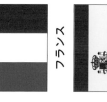
スペイン

ポルトガル

イタリア

ノルウェー

スウェーデン

デンマーク

フィンランド

ウクライナ

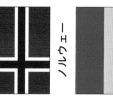
ポーランド

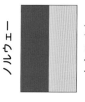
ロシア連邦（れんぽう）

ドイツ

ギリシャ

オーストリア

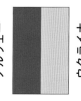
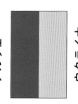

世界の国旗③

カナダ

アメリカ合衆国

メキシコ

キューバ

コロンビア

ペルー

ブラジル

アルゼンチン

チリ

エジプト

モロッコ

エチオピア

ケニア

ナイジェリア

南アフリカ共和国

いろんな柄の国旗があるね。

ミニポスター⑧

012

小学生の都道府県・世界の国カード315

都道府県
（と　どう　ふ　けん）

表紙カード

小学生の都道府県・世界の国カード315

地図記号
（ち　ず　き　ごう）

表紙カード

小学生の都道府県・世界の国カード315

都道府県
ランキング
（と　どう　ふ　けん）

表紙カード

小学生の都道府県・世界の国カード315

世界の国
（せ　かい　くに）

表紙カード

どこの都道府県？

ココ!

ヒント 日本で一番面積が広い都道府県。
冬はとても寒い。

001

どこの都道府県？

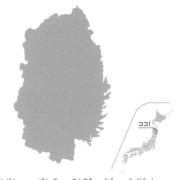

ココ!

ヒント 日本で2番目に面積が広い都道府
県。作家の宮沢賢治の出身地。

003

どこの都道府県？

ココ!

ヒント りんごの収穫量は日本一。
ねぶた祭が有名。

002

どこの都道府県？

ココ!

ヒント 日本三景の松島がある。
七夕まつりや牛タンも有名。

004

岩手県 [盛岡市]
いわて けん　もりおか し

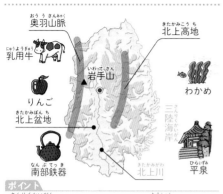

奥羽山脈
おう う さんみゃく

乳用牛
にゅうようぎゅう

りんご

北上盆地
きたかみぼん ち

南部鉄器
なん ぶ てっ き

岩手山
いわてさん

北上高地
きたかみこう ち

わかめ

三陸海岸
さんりくかいがん

北上川
きたかみがわ

平泉
ひらいずみ

ポイント

三陸海岸ではわかめやかきの養殖がさかん
さんりくかいがん　　　　　　　　　　ようしょく
です。平泉や南部鉄器が有名です。
ひらいずみ　なん ぶ てっ き　ゆうめい

003

北海道 [札幌市]
ほっ かい どう　さっぽろ し

うに

かに

オホーツク海

択捉島
え とろふとう

サロマ湖

石狩川
いしかりがわ

国後島
くなしりとう

大雪山
だいせつざん

色丹島
しこたんとう

渡島半島
おしまはんとう

歯舞群島
はぼまいぐんとう

根釧台地
こんせんだい ち

乳用牛
にゅうようぎゅう

ほたて

十勝平野
と かちへい や

じゃがいも

青函
せいかん
トンネル

石狩平野
いしかりへい や

米
こめ

たまねぎ

ポイント

石狩平野で米，十勝平野でじゃがいもなど
いしかりへい や　こめ　　と かちへい や
の畑作がさかんです。水産物も豊富です。
はたさく　　　　　　　すいさんぶつ　ほう ふ

001

宮城県 [仙台市]
みや ぎ けん　せんだい し

米
こめ

牛タン
ぎゅう

奥羽山脈
おう う さんみゃく

こけし

仙台平野
せんだいへい や

北上川
きたかみがわ

わかめ

三陸海岸
さんりくかいがん

松島
まつしま

牡鹿半島
おしかはんとう

阿武隈川
あ ぶ くまがわ

かき

仙台七夕まつり
せんだいたなばた

ポイント

仙台平野で米，仙台湾でかきの養殖がさか
せんだいへい や　こめ　せんだいわん　　　　　ようしょく
んです。こけしが有名です。
ゆうめい

004

青森県 [青森市]
あお もり けん　あおもり し

青函トンネル
せいかん

津軽半島
つ がるはんとう

青森ひば
あおもり

下北半島
しもきたはんとう

りんご

陸奥湾
む つ わん

にんにく

津軽平野
つ がるへい や

ほたて

岩木山
いわ き さん

いか

津軽塗
つ がるぬり

十和田湖
と わ だ こ

白神山地
しらかみさん ち

青森ねぶた祭
あおもり　　　　　まつり

ポイント

津軽平野などで，りんごの栽培がさかんで
つ がるへい や　　　　　　　　さいばい
す。陸奥湾でほたてを養殖しています。
む つ わん　　　　　　ようしょく

002　016

どこの都道府県?

005

ヒント 「忠犬ハチ公」の出身地。
伝統行事のなまはげが有名。

どこの都道府県?

ココ!

007

ヒント 猪苗代湖と磐梯山が有名。
細菌学者の野口英世の出身地。

どこの都道府県?

ココ!

ヒント さくらんぼの収穫量が日本一。
県の中央を最上川が流れる。

どこの都道府県?

ココ!

ヒント 偕楽園と納豆が有名。
大きな湖の霞ケ浦がある。

こたえ

福島県 [福島市]
（ふくしまけん）［ふくしまし］

会津塗（あいづぬり）
赤べこ（あか）
越後山脈（えちごさんみゃく）
尾瀬ヶ原（おぜがはら）
猪苗代湖（いなわしろこ）
磐梯山（ばんだいさん）▲
奥羽山脈（おううさんみゃく）
福島盆地（ふくしまぼんち）
もも
日本なし（にほん）
阿武隈川（あぶくまがわ）
阿武隈高地（あぶくまこうち）
相馬野馬追（そうまのまおい）

ポイント

福島盆地（ふくしまぼんち）で，ももの栽培（さいばい）がさかんです。
工芸品（こうげいひん）の会津塗（あいづぬり）と赤（あか）べこが有名（ゆうめい）です。

007

こたえ

秋田県 [秋田市]
（あきたけん）［あきたし］

白神山地（しらかみさんち）
なまはげ
男鹿半島（おがはんとう）
八郎潟（はちろうがた）
米（こめ）
秋田平野（あきたへいや）
かまくら
雄物川（おものがわ）
十和田湖（とわだこ）
曲げわっぱ（まげわっぱ）
奥羽山脈（おううさんみゃく）
田沢湖（たざわこ）
出羽山地（でわさんち）
秋田すぎ（あきた）

ポイント

秋田平野（あきたへいや）などで，米（こめ）の栽培（さいばい）がさかんです。
白神山地（しらかみさんち）は世界自然遺産（せかいしぜんいさん）です。

005

こたえ

茨城県 [水戸市]
（いばらきけん）［みとし］

阿武隈高地（あぶくまこうち）
メロン
レタス
偕楽園（かいらくえん）
納豆（なっとう）
わかさぎ
鬼怒川（きぬがわ）
筑波山（つくばさん）▲
ピーマン
れんこん
霞ヶ浦（かすみがうら）
鹿島灘（かしまなだ）
牛久大仏（うしくだいぶつ）
利根川（とねがわ）

ポイント

メロンとれんこんの収穫量（しゅうかくりょう）は日本一（にほんいち）です。
筑波研究学園都市（つくばけんきゅうがくえんとし）があります。

008

こたえ

山形県 [山形市]
（やまがたけん）［やまがたし］

最上川（もがみがわ）
庄内平野（しょうないへいや）
米（こめ）
山形花笠まつり（やまがたはながさまつり）
米沢牛（よねざわぎゅう）
米沢盆地（よねざわぼんち）
鳥海山（ちょうかいさん）（ぼん）
山形盆地（やまがたぼんち）
将棋こま（しょうぎこま）
奥羽山脈（おううさんみゃく）
さくらんぼ
西洋なし（せいようなし）

ポイント

山形盆地（やまがたぼんち）でさくらんぼ，庄内平野（しょうないへいや）で米（こめ）の栽培（さい）培（ばい）がさかんです。米沢牛（よねざわぎゅう）も有名（ゆうめい）です。

006 018

どこの都道府県？

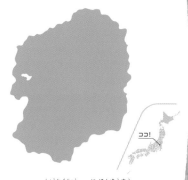

ココ!

ヒント いちごの収穫量は日本有数。
世界文化遺産の日光東照宮がある。

009

どこの都道府県？

ココ!

ヒント 狭山茶や草加せんべいが有名。
実業家の渋沢栄一の出身地。

011

どこの都道府県？

ココ!

ヒント 草津温泉が有名。世界文化遺産
の富岡製糸場がある。

010

どこの都道府県？

ココ!

ヒント 日本なしとらっかせいの収穫量が
日本一。成田国際空港がある。

012

埼玉県 [さいたま市]

長瀞ライン下り
荒川
ほうれんそう
人形
関東山地
関東平野
利根川
秩父山地
狭山丘陵
秩父夜祭
茶
草加せんべい

ポイント

大消費地の東京向けの野菜を生産する近郊農業がさかんです。秩父夜祭が有名です。

011

栃木県 [宇都宮市]

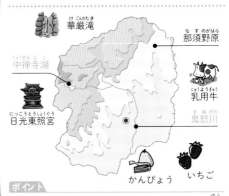

華厳滝
那須野原
中禅寺湖
乳用牛
日光東照宮
鬼怒川
かんぴょう
いちご

ポイント

いちごの「とちおとめ」やかんぴょうが有名です。高原で牛乳の生産がさかんです。

009

千葉県 [千葉市]

利根川
下総台地
日本なし
しょうゆ
成田国際空港
東京湾アクアライン
九十九里浜
東京湾
いわし
カーネーション
房総半島
らっかせい

ポイント

野菜や花の近郊農業がさかんです。東京湾アクアラインで神奈川県と結ばれています。

012

群馬県 [前橋市]

越後山脈
尾瀬ヶ原
草津温泉
富岡製糸場
キャベツ
浅間山
利根川
こんにゃくいも
だるま
ほうれんそう

ポイント

嬬恋村で、夏にキャベツの栽培がさかんです。こんにゃくいもも有名です。

010

どこの都道府県?

ココ!

ヒント 日本の首都があり、人口が日本一多い。国会議事堂がある。

013

どこの都道府県?

ココ!

ヒント 日本を代表する米の産地。トキの繁殖でも知られる。

015

どこの都道府県?

ココ!

ヒント 人口が東京都についで多い県。鎌倉や箱根などの観光地がある。

014

どこの都道府県?

ココ!

ヒント チューリップづくりがさかん。巨大な黒部ダムが有名。

016

新潟県 [新潟市]

米（コシヒカリ）

佐渡島（さどしま）

トキ

越後平野（えちごへいや）

阿賀野川（あがのがわ）

信濃川（しなのがわ）

金属洋食器（きんぞくようしょっき）

越後山脈（えちごさんみゃく）

チューリップ

尾瀬ヶ原（おぜがはら）

ポイント

越後平野などで米の栽培がさかんです。
佐渡島でトキを繁殖しています。

東京都 [東京（新宿区）]

出版・印刷（しゅっぱん・いんさつ）

国会議事堂（こっかいぎじどう）

荒川（あらかわ）

江戸川（えどがわ）

関東山地（かんとうさんち）

高尾山（たかおさん）

東京スカイツリー（とうきょう）

多摩川（たまがわ）

東京国際空港（羽田空港）（とうきょうこくさいくうこう　はねだくうこう）

東京湾（とうきょうわん）

ポイント

出版社や新聞社が多く、印刷業がさかんです。東京国際空港（羽田空港）があります。

富山県 [富山市]

チューリップ

富山湾（とやまわん）

ほたるいか

黒部ダム（くろべ）

富山平野（とやまへいや）

五箇山の合掌造り集落（ごかやま　がっしょうづくり　しゅうらく）

黒部川（くろべがわ）

神通川（じんづうがわ）

飛騨山脈（北アルプス）（ひださんみゃく）

砺波平野（となみへいや）

ポイント

新潟県と並ぶチューリップの産地です。
黒部ダムで水力発電が行われています。

神奈川県 [横浜市]

相模川（さがみがわ）

多摩川（たまがわ）

東京湾アクアライン（とうきょうわん）

丹沢山地（たんざわさんち）

東京湾（とうきょうわん）

箱根山（はこねやま）

相模湾（さがみわん）

横浜中華街（よこはまちゅうかがい）

箱根駅伝（はこねえきでん）

鎌倉大仏（かまくらだいぶつ）

三浦半島（みうらはんとう）

ポイント

東京湾沿いの横浜市や川崎市を中心に京浜工業地帯が形成されています。

どこの都道府県？

ココ!

ヒント 「加賀百万石」といわれたところ。
能登半島が日本海に突き出る。

017

どこの都道府県？

ココ!

ヒント 富士山がそびえる。もも，ぶどう
の収穫量が日本一。

019

どこの都道府県？

ココ!

ヒント めがねフレームの出荷額が日本
一。原子力発電所が多い。

018

どこの都道府県？

ココ!

ヒント 日本アルプスの山々がそびえる。
そばどころとして有名。

020

山梨県 [甲府市]

甲府盆地
関東山地
こうふぼんち
かんとうさんち
もも
ぶどう
山中湖
やまなかこ
北岳
きただけ
赤石山脈
（南アルプス）
あかいしさんみゃく
みなみ
富士山
ふじさん
ほうとう
富士川
ふじかわ
富士山
ふじさん

ポイント

ぶどうを原料にしたワインづくりもさかんです。富士山は静岡県との境にあります。

019

石川県 [金沢市]

能登半島
のとはんとう
金沢平野
かなざわへいや
輪島塗
わじまぬり
九谷焼
くたにやき
兼六園
けんろくえん

ポイント

「加賀」は石川県の古いよび名です。輪島塗や九谷焼などの工芸品が有名です。

017

長野県 [長野市]

飛驒山脈
ひださんみゃく
（北アルプス）
きた
りんご
善光寺
ぜんこうじ
千曲川
ちくまがわ
ぶどう
穂高岳
ほたかだけ
奥穂高岳
おくほたかだけ
そば
木曽ひのき
きそ
諏訪湖
すわこ
木曽川
きそがわ
木曽山脈
きそさんみゃく
（中央アルプス）
ちゅうおう
赤石山脈
（南アルプス）
あかいしさんみゃく
みなみ
天竜川
てんりゅうがわ
レタス

ポイント

日本アルプスに3000m級の山々が連なります。レタス，ぶどうの栽培がさかんです。

020

福井県 [福井市]

福井平野
ふくいへいや
九頭竜川
くずりゅうがわ
東尋坊
とうじんぼう
若狭湾
わかさわん
若狭塗
わかさぬり
越前がに
えちぜん
越前和紙
えちぜんわし
めがねフレーム

ポイント

若狭塗や越前和紙などの工芸品が有名です。越前がにの水あげが多いです。

018 024

どこの都道府県？

ココ!

ヒント 長良川が流れる。世界文化遺産の白川郷の合掌造り集落が有名。

021

どこの都道府県？

ココ!

ヒント 自動車の生産がさかんで，工業生産額は日本一。

023

どこの都道府県？

ココ!

ヒント 富士山がそびえる。日本一の茶の産地。うなぎの養殖が有名。

022

どこの都道府県？

ココ!

ヒント 真珠の養殖がはじまった地。高級和牛の松阪牛と伊賀忍者が有名。

024

愛知県 ［名古屋市］
あいちけん ［なごやし］

- 木曽川（きそがわ）
- 濃尾平野（のうびへいや）
- 自動車（じどうしゃ）
- 名古屋城（なごやじょう）
- 中部国際空港（ちゅうぶこくさいくうこう）
- 知多半島（ちたはんとう）
- 三河湾（みかわわん）
- 電照ぎく（でんしょうぎく）
- 渥美半島（あつみはんとう）
- キャベツ
- メロン

ポイント

中京工業地帯（ちゅうきょうこうぎょうちたい）の中心地（ちゅうしんち）で，豊田市（とよたし）の自動車（じどうしゃ）工業（こうぎょう）を中心に工業が発達しています。

023

岐阜県 ［岐阜市］
ぎふけん ［ぎふし］

- 飛騨高地（ひだこうち）
- 飛騨山脈（ひださんみゃく）（北アルプス）（きた）
- 穂高岳（ほたかだけ）（奥穂高岳）（おくほたかだけ）
- 白川郷（しらかわごう）
- 長良川（ながらがわ）
- モー！
- 飛騨牛（ひだぎゅう）
- 木曽川（きそがわ）
- うかい
- 揖斐川（いびがわ）
- 濃尾平野（のうびへいや）
- 美濃焼（みのやき）

ポイント

長良川（ながらがわ）・木曽川（きそがわ）・揖斐川（いびがわ）が流（なが）れ，下流（かりゅう）に輪中（わじゅう）とよばれる堤防（ていぼう）で囲（かこ）んだ地域（ちいき）があります。

021

三重県 ［津市］
みえけん ［つし］

- 鈴鹿山脈（すずかさんみゃく）
- モー！
- 松阪牛（まつさかうし）
- 伊勢えび（いせえび）
- 伊勢湾（いせわん）
- 伊勢神宮（いせじんぐう）
- 紀伊山地（きいさんち）
- 志摩半島（しまはんとう）
- 英虞湾（あごわん）
- 尾鷲ひのき（おわせひのき）
- 真珠（しんじゅ）
- 海女漁（あまりょう）

ポイント

四日市（よっかいち）の石油化学工業（せきゆかがくこうぎょう）をはじめ，北部（ほくぶ）で工業（こうぎょう）が発達（はったつ）しています。伊勢神宮（いせじんぐう）が有名（ゆうめい）です。

024

静岡県 ［静岡市］
しずおかけん ［しずおかし］

- 赤石山脈（あかいしさんみゃく）（南アルプス）（みなみ）
- 大井川（おおいがわ）
- 富士川（ふじかわ）
- 富士山（ふじさん）
- 天竜すぎ（てんりゅうすぎ）
- 天竜川（てんりゅうがわ）
- 富士山（ふじさん）
- ピアノ
- 駿河湾（するがわん）
- 浜名湖（はまなこ）
- みかん
- 茶（ちゃ）
- まぐろ・かつお
- 伊豆半島（いずはんとう）

ポイント

牧ノ原（まきのはら）で，茶（ちゃ）の栽培（さいばい）がさかんです。海沿（うみぞ）いの斜面（しゃめん）で，みかんの栽培（さいばい）もさかんです。

022 026

どこの都道府県?

ヒント 日本一大きな湖がある。
近江牛と甲賀忍者が有名。

025

どこの都道府県?

ヒント たこ焼きやお好み焼きが有名。
関西国際空港がある。

027

どこの都道府県?

ヒント 「平安京」とよばれた都があった。
西陣織や清水焼が有名。

どこの都道府県?

ヒント 瀬戸内海と日本海に面する。
世界文化遺産の姫路城がある。

028

大阪府 [大阪市]
おおさかふ　　　　おおさかし

通天閣
つうてんかく

大阪城
おおさかじょう

大阪平野
おおさかへいや

淀川
よどがわ

大阪湾
おおさかわん

関西国際空港
かんさいこくさいくうこう

たこ焼き
や

ポイント

大阪は「食いだおれのまち」とよばれます。
おおさか　　く

阪神工業地帯の中心地のひとつです。
はんしんこうぎょうちたい　　ちゅうしんち

027

滋賀県 [大津市]
しがけん　　　　おおつし

琵琶湖
びわこ

延暦寺
えんりゃくじ

比叡山
ひえいざん

信楽焼
しがらきやき

近江牛
おうみうし

近江盆地
おうみぼんち

米
こめ

鈴鹿山脈
すずかさんみゃく

茶
ちゃ

ポイント

琵琶湖では、あゆ、ふながとれます。近江
びわこ　　　　　　　　　　　　　　　　　　おうみ

茶も有名です。
ちゃ　ゆうめい

025

兵庫県 [神戸市]
ひょうごけん　　　　こうべし

そろばん

中国山地
ちゅうごくさんち

こうのとり

姫路城
ひめじじょう

異人館
いじんかん

たこ

淡路島
あわじしま

播磨灘
はりまなだ

明石海峡大橋
あかしかいきょうおおはし

大鳴門橋
おおなるときょう

たまねぎ

阪神甲子園球場
はんしんこうしえんきゅうじょう

ポイント

淡路島は瀬戸内海でもっとも大きな島で，
あわじしま　せとないかい　　　　　　おお　　しま

明石海峡大橋で神戸市と結ばれます。
あかしかいきょうおおはし　こうべし　むす

028

京都府 [京都市]
きょうとふ　　　　きょうとし

丹後半島
たんごはんとう

若狭湾
わかさわん

丹波高地
たんばこうち

天橋立
あまのはしだて

金閣（寺）
きんかくじ

比叡山
ひえいざん

祇園祭
ぎおんまつり

清水焼
きよみずやき

茶
ちゃ

京都盆地
きょうとぼんち

西陣織
にしじんおり

ポイント

金閣，銀閣，清水寺など，歴史的な建物が
きんかく　ぎんかく　きよみずでら　　　れきしてき　たてもの

多いです。日本三景の天橋立もあります。
おお　　　にほんさんけい　あまのはしだて

026　　028

どこの都道府県？

ココ！

ヒント 古いお寺が多く，東大寺の大仏と
野生のしかが有名。

029

どこの都道府県？

ココ！

ヒント 日本最大級の砂丘がある。
らっきょうの収穫量は日本有数。

031

どこの都道府県？

ココ！

ヒント かき，みかん，うめの収穫量が日
本一。那智滝が有名。

030

どこの都道府県？

ココ！

ヒント 縁結びで有名な出雲大社がある。
しじみの収穫量は日本有数。

032

鳥取県 [鳥取市]
とっとりけん　とっとりし

松葉がに　すいか　鳥取砂丘　らっきょう

大山　中国山地　鳥取平野

二十世紀なし　因州和紙

ポイント

鳥取砂丘は東西16kmもある砂丘です。
日本なしの栽培がさかんです。

031

奈良県 [奈良市]
ならけん　ならし

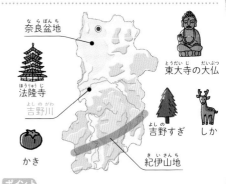

奈良盆地　東大寺の大仏

法隆寺　吉野川　吉野すぎ　しか

かき　紀伊山地

ポイント

東大寺や法隆寺など，たくさんのお寺があ
ります。法隆寺は世界最古の木造建築です。

029

島根県 [松江市]
しまねけん　まつえし

隠岐諸島　しじみ

出雲大社　中海　宍道湖

石見銀山　中国山地

さぎまい　そろばん

ポイント

出雲大社は伊勢神宮（三重県）と並ぶ有名な
神社です。宍道湖でしじみ漁がさかんです。

032

和歌山県 [和歌山市]
わかやまけん　わかやまし

かき　紀の川　高野山　熊野川（新宮川）　熊野古道

有田川　紀伊山地　那智滝

みかん　うめ　潮岬　まぐろ・かつお

ポイント

有田川や紀の川の近くで，くだものの栽培
がさかんです。紀州備長炭が有名です。

030

どこの都道府県？

ヒント 瀬戸大橋で香川県と結ばれる。
もも，マスカットが有名。

033

どこの都道府県？

ヒント 関門橋や関門トンネルで九州と結
ばれる。ふぐの水あげが多い。

035

どこの都道府県？

ヒント 養殖かきの収穫量が日本一。瀬戸内
海の島々でレモンの栽培がさかん。

031

034

どこの都道府県？

ヒント 県の北部を吉野川が流れる。
阿波おどりと，うずしおが有名。

036

山口県 [山口市]
やまぐちけん　やまぐちし

秋吉台（あきよしだい）
秋芳洞（あきよしどう）
萩焼（はぎやき）
なべづる
錦帯橋（きんたいきょう）
関門海峡（かんもんかいきょう）
関門トンネル（かんもん）
関門橋（かんもんきょう）
周防灘（すおうなだ）
ふぐ
瀬戸内海（せとないかい）

ポイント

本州（ほんしゅう）でもっとも西（にし）にある県（けん）です。秋芳洞（あきよしどう）という大（おお）きな洞（どう）くつが有名（ゆうめい）です。

035

岡山県 [岡山市]
おかやまけん　おかやまし

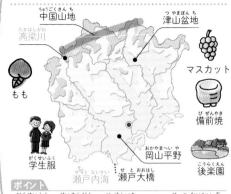

中国山地（ちゅうごくさんち）
津山盆地（つやまぼんち）
高梁川（たかはしがわ）
マスカット
もも
備前焼（びぜんやき）
学生服（がくせいふく）
岡山平野（おかやまへいや）
瀬戸内海（せとないかい）
瀬戸大橋（せとおおはし）
後楽園（こうらくえん）

ポイント

学生服（がくせいふく）の生産額（せいさんがく）は日本一（にほんいち）です。瀬戸内海沿（せとないかいぞ）いで,鉄鋼業（てっこうぎょう）や石油化学工業（せきゆかがくこうぎょう）がさかんです。

033

徳島県 [徳島市]
とくしまけん　とくしまし

あいぞめ
徳島平野（とくしまへいや）
讃岐山脈（さぬきさんみゃく）
大鳴門橋（おおなるときょう）
鳴門海峡（なるとかいきょう）
うずしお
吉野川（よしのがわ）
四国山地（しこくさんち）
すだち
はも
阿波おどり（あわ）

ポイント

うずしおは鳴門海峡（なるとかいきょう）で発生（はっせい）します。すだちの収穫量（しゅうかくりょう）は日本一（にほんいち）です。

036

広島県 [広島市]
ひろしまけん　ひろしまし

中国山地（ちゅうごくさんち）
原爆ドーム（げんばく）
お好み焼き（このみやき）
太田川（おおたがわ）
熊野ふで（くまの）
厳島神社（いくしまじんじゃ）
かき
広島湾（ひろしまわん）
瀬戸内海（せとないかい）
瀬戸内しまなみ海道（せとうち　かいどう）
レモン

ポイント

厳島神社（いくしまじんじゃ）や原子爆弾（げんしばくだん）（原爆（げんばく））の被害（ひがい）を受（う）けた原爆ドーム（げんばく）は世界文化遺産（せかいぶんかいさん）です。

034

032

どこの都道府県？

ヒント オリーブの収穫量が日本一。
さぬきうどんが有名。

037

どこの都道府県？

ヒント 四万十川が流れる。よさこい祭り
やかつおぶしづくりが有名。

039

どこの都道府県？

ヒント みかん，いよかんの栽培がさかん。
道後温泉が有名。

038

どこの都道府県？

ヒント 辛子明太子といちごの「あまおう」
が有名。韓国と近い。

040

高知県 [高知市]
こうち けん / こうち し

四国山地
しこくさんち

高知平野
こうちへいや

なす

ゆず

土佐和紙
とさわし

土佐湾
とさわん

ピーマン

しょうが

かつおぶし

四万十川
しまんとがわ

よさこい祭り
まつり

足摺岬
あしずりみさき

かつおの一本づり
いっぽん

ポイント

高知平野で，冬にビニールハウスを利用して，なすとピーマンの栽培がさかんです。

039

香川県 [高松市]
かがわ けん / たかまつし

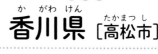

小豆島
しょうどしま

瀬戸内海
せとないかい

オリーブ

丸亀うちわ
まるがめ

瀬戸大橋
せとおおはし

讃岐平野
さぬきへいや

讃岐山脈
さぬきさんみゃく

さぬきうどん

ポイント

小豆島でオリーブの栽培がさかんです。雨が少なく，水不足になることがあります。

037

福岡県 [福岡市]
ふくおか けん / ふくおか し

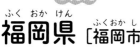

関門海峡
かんもんかいきょう

関門橋
かんもんきょう

関門トンネル

玄界灘
げんかいなだ

周防灘
すおうなだ

博多どんたく
はかた
港まつり
みなと

筑紫平野
つくしへいや

筑紫山地
つくしさんち

筑後川
ちくごがわ

米
こめ

有明海
ありあけかい

いちご

太宰府天満宮
だざいふてんまんぐう

ポイント

北部に八幡製鉄所がつくられ鉄鋼業が発達しました。現在は自動車工業がさかんです。

040

愛媛県 [松山市]
えひめ けん / まつやまし

瀬戸内
せとうち
しまなみ海道
かいどう

瀬戸内海
せとないかい

道後温泉
どうごおんせん

たい

石鎚山
いしづちさん

タオル

佐田岬半島
さだみさきはんとう

キウイフルーツ

四国山地
しこくさんち

宇和海
うわかい

真珠
しんじゅ

みかん・いよかん

ポイント

瀬戸内しまなみ海道で，広島県と結ばれます。今治市でタオルの生産がさかんです。

038　034

どこの都道府県?

041

ヒント 養殖のりの収穫量が日本有数。
伊万里・有田焼が有名。

どこの都道府県?

043

ヒント ふん煙をあげる阿蘇山がある。
い草の栽培がさかん。

どこの都道府県?

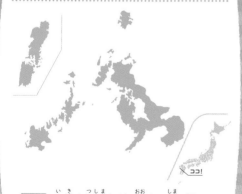

ヒント 壱岐と対馬など,多くの島がある。
びわの収穫量が日本一。

042

どこの都道府県?

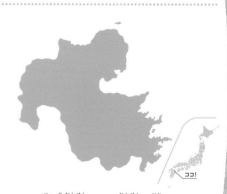

ヒント 別府温泉などの温泉が多い。
かぼすの収穫量が日本一。

044

熊本県 [熊本市]
（くま もと けん）（くまもとし）

すいか

阿蘇山（あ そ さん）

阿蘇山（あ そ さん）

八代平野（やつしろへいや）

九州山地（きゅうしゅうさんち）

トマト

天草諸島（あまくさしょとう）

球磨川（くまがわ）

い草（ぐさ）

島原湾（しまばらわん）

ポイント
い草はたたみの原料（げんりょう）になる作物（さくもつ）です。
トマトとすいかの収穫量（しゅうかくりょう）は日本有数（にほんゆうすう）です。

043

佐賀県 [佐賀市]
（さ が けん）（さ が し）

筑紫山地（つくしさんち）

筑後川（ちく ご がわ）

吉野ヶ里遺跡（よしのがりいせき）

米（こめ）

筑紫平野（つくしへいや）

伊万里・有田焼（いまり・ありたやき）

有明海（ありあけかい）

たまねぎ

のり

ポイント
吉野ヶ里遺跡（よしのがりいせき）という約2000年前（ねんまえ）の遺跡（いせき）が
あります。干潟（ひがた）にムツゴロウがすみます。

041

大分県 [大分市]
（おお いた けん）（おおいたし）

国東半島（くにさきはんとう）

日田盆地（ひ た ぼんち）

温泉（おんせん）

別府湾（べっぷわん）

くじゅう連山（れんざん）

関あじ・関さば（せき・せき）

ほししいたけ

九州山地（きゅうしゅうさんち）

かぼす

ポイント
火山（かざん）の地下熱（ち か ねつ）を利用（りよう）した地熱発電（ちねつはつでん）がさかん
です。高級魚（こうきゅうぎょ）の関あじ・関さば（せき・せき）が有名（ゆうめい）です。

044

長崎県 [長崎市]
（なが さき けん）（ながさきし）

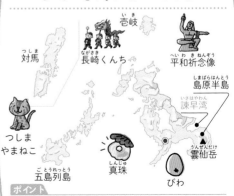

壱岐（いき）

対馬（つしま）

長崎くんち（ながさき）

平和祈念像（へい わ き ねんぞう）

島原半島（しまばらはんとう）

諫早湾（いさはやわん）

つしまやまねこ

五島列島（ご とうれっとう）

真珠（しんじゅ）

雲仙岳（うんぜんだけ）

びわ

ポイント
長崎市（ながさきし）は原子爆弾（げんしばくだん）（原爆（げんばく））の被害（ひがい）を受けまし
た。麺料理（めんりょうり）の長崎（ながさき）ちゃんぽんが有名（ゆうめい）です。

042　036

どこの都道府県?

ヒント 肉用牛，肉用にわとり，ぶたなど
畜産がさかん。温暖な気候。

045

どこの都道府県?

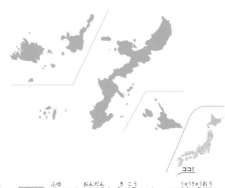

ヒント 冬でも温暖な気候。かつて琉球王
国という独立国が栄えた。

047

どこの都道府県?

ヒント さつまいもと黒ぶたが有名。
世界自然遺産の屋久島がある。

046

日本の東西南北の
はしの島は?

ヒント ここにあるよ！　4つ答えよう。

❶北のはし

❹西のはし

❷東のはし

❸南のはし

048

沖縄県 [那覇市]
おきなわけん／なはし

さんごしょう　やんばるくいな
石垣島（いしがきじま）　沖縄島（おきなわじま）
西表島（いりおもてじま）　エイサー
パイナップル　ゴーヤー
シーサー　首里城（しゅりじょう）　さとうきび　宮古島（みやこじま）

ポイント

温暖（おんだん）な気候（きこう）に適（てき）したパイナップル，さとうきびの収穫量（しゅうかくりょう）が日本一（にほんいち）です。

047

宮崎県 [宮崎市]
みやざきけん／みやざきし

九州山地（きゅうしゅうさんち）
ピーマン
高千穂峡（たかちほきょう）
肉用牛（にくようぎゅう）　きゅうり
日向灘（ひゅうがなだ）
宮崎平野（みやざきへいや）
日南海岸（にちなんかいがん）
ぶた
日南海岸（にちなんかいがん）　マンゴー

ポイント

宮崎平野（みやざきへいや）で，冬（ふゆ）にビニールハウスなどを使（つか）って野菜（やさい）の早（はや）づくり（促成栽培（そくせいさいばい））をしています。

045

❶北のはし：択捉島（北海道）
きた／えとろふとう／ほっかいどう

日本（にほん）の領土（りょうど）ですが，現在（げんざい）はロシア連邦（れんぽう）に占拠（せんきょ）されています。

❷東のはし：南鳥島（東京都）
ひがし／みなみとりしま／とうきょうと

名前（なまえ）に「南（みなみ）」がつきますが，東（ひがし）のはしです。

❸南のはし：沖ノ鳥島（東京都）
みなみ／おきのとりしま／とうきょうと

しおが満（み）ちると，海面（かいめん）から島（しま）が少（すこ）し顔（かお）を出（だ）す小（ちい）さな島（しま）です。

❹西のはし：与那国島（沖縄県）
にし／よなぐにじま／おきなわけん

わずか約（やく）111km西（にし）には台湾（たいわん）があります。

048

鹿児島県 [鹿児島市]
かごしまけん／かごしまし

黒ぶた（くろぶた）　大隅半島（おおすみはんとう）
肉用牛（にくようぎゅう）
薩摩半島（さつまはんとう）　桜島（さくらじま）
大島（奄美大島）（おおしま・あまみおおしま）
茶（ちゃ）
さとうきび　さつまいも　種子島（たねがしま）
あまみのくろうさぎ　屋久島（やくしま）　種子島（たねがしま）宇宙センター（うちゅうセンター）

ポイント

桜島（さくらじま）は火山活動（かざんかつどう）が活発（かっぱつ）です。シラス台地（だいち）という，火山灰（かざんばい）が積（つ）もった土地（とち）が広（ひろ）がります。

046

038

北海道の次に
面積が広い都道府県は?

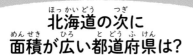

❶ 岩手県

❷ 長野県

❸ 福島県

049

日本一大きな島は?
※北海道・本州・四国・九州を除く。

❶ 佐渡島
（さどがしま）

❷ 沖縄島

❸ 択捉島

051

日本一面積が
せまい都道府県は?

❶ 大阪府

❷ 沖縄県

❸ 香川県

050

日本一島の数が
多い都道府県は?

❶ 沖縄県

❷ 長崎県

❸ 北海道

052

③ 択捉島 (えとろふとう)

1位	択捉島 (えとろふとう)	(北海道)	3167km²
2位	国後島 (くなしりとう)	(北海道)	1489km²
3位	沖縄島 (おきなわじま)	(沖縄県)	1208km²
4位	佐渡島 (さどしま)(さどがしま)	(新潟県)	855km²

(2024年)(国土地理院)

解説

択捉島, 国後島, 色丹島, 歯舞群島を合わせて, 北方領土といいます。

051

① 岩手県 (いわてけん)

1位	北海道 (ほっかいどう)	8万3424km²
2位	岩手県 (いわてけん)	1万5275km²
3位	福島県 (ふくしまけん)	1万3784km²
4位	長野県 (ながのけん)	1万3562km²

(2022年)(2024年版「データでみる県勢」)

解説

北海道の面積は, 九州地方のすべての県を合わせた面積（4万4512km²）の2倍近くあります。

049

② 長崎県 (ながさきけん)

1位	長崎県 (ながさきけん)	1479島
2位	北海道 (ほっかいどう)	1473島
3位	鹿児島県 (かごしまけん)	1256島
4位	岩手県 (いわてけん)	861島

(2022年)(国土地理院)

解説

日本全体では, 1万4125島あります。長崎県には, 五島列島や壱岐などたくさんの島があります。

052

③ 香川県 (かがわけん)

1位	香川県 (かがわけん)	1877km²
2位	大阪府 (おおさかふ)	1905km²
3位	東京都 (とうきょうと)	2194km²
4位	沖縄県 (おきなわけん)	2282km²

(2022年)(2024年版「データでみる県勢」)

解説

香川県と大阪府は, もっとも面積が広い市の岐阜県高山市（2178km²）よりもせまいです。

050

一番多くの都道府県に
接している都道府県は?

❶ 長野県

❷ 埼玉県

❸ 福島県

日本一高い山は富士山。
では2番目に高い山は?

❶ 穂高岳
（奥穂高岳）

❷ 間ノ岳

❸ 北岳

日本一海岸線が長い
都道府県は?

❶ 長崎県

❷ 北海道

❸ 沖縄県

日本一ため池の数が多い
都道府県は?

❶ 香川県

❷ 奈良県

❸ 兵庫県

❸ 北岳
きただけ

1位 **富士山** (山梨県・静岡県) 3776m
ふじさん　やまなしけん　しずおかけん

2位 **北岳** (山梨県) 3193m
きただけ　やまなしけん

3位 **穂高岳（奥穂高岳）** 3190m
ほたかだけ　おくほたかだけ
(長野県・岐阜県)
ながのけん　ぎふけん

3位 **間ノ岳** (山梨県・静岡県) 3190m
あいのだけ　やまなしけん　しずおかけん

(2023年)（国土地理院）

解説

北岳と間ノ岳は赤石山脈（南アルプス），
穂高岳は飛驒山脈（北アルプス）にあ
ります。

055

❶ 長野県
ながのけん

1位 **長野県** 8都道府県
ながのけん　とどうふけん

2位 **埼玉県・岐阜県** 7都道府県
さいたまけん　ぎふけん　とどうふけん

4位 **福島県・三重県・** 6都道府県
ふくしまけん　みえけん　とどうふけん

京都府
きょうとふ

解説

長野県は群馬県，埼玉県，山梨県，静
ながのけん　ぐんまけん　さいたまけん　やまなしけん　しず
岡県，愛知県，岐阜県，富山県，新潟
おかけん　あいちけん　ぎふけん　とやまけん　にいがた
県と接しています。
けん　せっ

053

❸ 兵庫県
ひょうごけん

1位 **兵庫県** 2万1752
ひょうごけん　まん

2位 **広島県** 1万6627
ひろしまけん　まん

3位 **香川県** 1万2269
かがわけん　まん

4位 **岡山県** 9266
おかやまけん

(2023年)（農林水産省）

解説

ため池は，降水量が少ない地域などで
いけ　こうすいりょう　すく　ちいき
農業用水を確保するためにつくられま
のうぎょうようすい　かくほ
した。

056

❷ 北海道
ほっかいどう

1位 **北海道** 4442km
ほっかいどう

2位 **長崎県** 4166km
ながさきけん

3位 **鹿児島県** 2643km
かごしまけん

4位 **沖縄県** 2038km
おきなわけん

(2021年)（環境省）

解説

海に囲まれ，面積が広い北海道が1位
うみ　かこ　めんせき　ひろ　ほっかいどう　い
です。長崎県，鹿児島県，沖縄県は島
ながさきけん　かごしまけん　おきなわけん　しま
が多いため，海岸線が長くなります。
おお　かいがんせん　なが

054　042

日本一長い川は，どの川?

❶ 石狩川（いしかりがわ）

❷ 信濃川（しなのがわ）

❸ 利根川（とねがわ）

057

日本一面積の広い湖は?

❶ サロマ湖（こ）

❷ 琵琶湖（びわこ）

❸ 霞ケ浦（かすみがうら）

059

日本一流域面積※が広い川は，どの川?

※川の水となる雨や雪どけ水が川に流れこむ土地の面積。

❶ 石狩川（いしかりがわ）

❷ 信濃川（しなのがわ）

❸ 利根川（とねがわ）

058

日本一深い湖は?

❶ 支笏湖（しこつこ）

❷ 十和田湖（とわだこ）

❸ 田沢湖（たざわこ）

060

② 琵琶湖

1位	琵琶湖 (滋賀県)	669km²
2位	霞ケ浦 (茨城県)	168km²
3位	サロマ湖 (北海道)	152km²

(2024年) (国土地理院)

解説

琵琶湖の面積は，滋賀県の面積の約6分の1をしめています。

059

② 信濃川

1位	信濃川	367km
2位	利根川	322km
3位	石狩川	268km

(2022年) (国土地理院)

解説

信濃川は，長野県と新潟県を流れる川。長野県内では千曲川とよばれます。

057

③ 田沢湖

1位	田沢湖 (秋田県)	423m
2位	支笏湖 (北海道)	360m
3位	十和田湖 (青森県/秋田県)	327m

(2024年) (国土地理院)

解説

田沢湖は，火山が噴火したあとに沈んでできたくぼ地（カルデラ）に水がたまってできた湖です。

060

③ 利根川

1位	利根川	1万6840km²
2位	石狩川	1万4330km²
3位	信濃川	1万1900km²

(2022年) (国土地理院)

解説

利根川は関東平野を流れる川で，茨城県と千葉県の境などを流れて太平洋に注ぎます。

058

東京都の次に人口が多い都道府県は?

① 福岡県 ② 愛知県

③ 神奈川県

061

外国人がもっとも多く住んでいる都道府県は?

① 東京都 ② 大阪府

③ 神奈川県

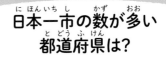

063

人口がもっとも少ない都道府県は?

① 島根県 ② 鳥取県

③ 徳島県

062

日本一市の数が多い都道府県は?

① 神奈川県 ② 岩手県

③ 埼玉県

064

045

こたえ
❶ 東京都
（とうきょうと）

1位	**東京都** （とうきょうと）	約59.6万人
2位	**愛知県** （あいちけん）	約28.7万人
3位	**大阪府** （おおさかふ）	約27.2万人
4位	**神奈川県** （かながわけん）	約24.6万人

（2022年）（2024年版「データでみる県勢」）

解説

中国人や韓国人などアジアの人々を中心に，300万人以上の外国人が日本に住んでいます。

063

こたえ
❸ 神奈川県
（かながわけん）

1位	**東京都** （とうきょうと）	約1403.8万人
2位	**神奈川県** （かながわけん）	約923.2万人
3位	**大阪府** （おおさかふ）	約878.2万人
4位	**愛知県** （あいちけん）	約749.5万人

（2022年）（2024年版「データでみる県勢」）

解説

神奈川県には，横浜市と川崎市の2つの100万人をこえる都市があります。

061

こたえ
❸ 埼玉県
（さいたまけん）

1位	**埼玉県** （さいたまけん）	40市
2位	**愛知県** （あいちけん）	38市
3位	**千葉県** （ちばけん）	37市
4位	**北海道** （ほっかいどう）	35市

（2023年）

解説

町と村を加えた市町村の数では北海道が1位（185）で，2位が長野県（77）です。

064

こたえ
❷ 鳥取県
（とっとりけん）

1位	**鳥取県** （とっとりけん）	約54.4万人
2位	**島根県** （しまねけん）	約65.8万人
3位	**高知県** （こうちけん）	約67.6万人
4位	**徳島県** （とくしまけん）	約70.4万人

（2022年）（2024年版「データでみる県勢」）

解説

鳥取県と島根県は，山陰とよばれる中国地方の日本海側にある県です。

062

じゃがいもの収穫量が 日本一の都道府県は？

1 長崎県（ながさきけん）　　**2** 北海道（ほっかいどう）

3 熊本県（くまもとけん）

トマトの収穫量が 日本一の都道府県は？

1 熊本県（くまもとけん）　　**2** 愛知県（あいちけん）

3 北海道（ほっかいどう）

たまねぎの収穫量が 日本一の都道府県は？

1 佐賀県（さがけん）　　**2** 兵庫県（ひょうごけん）

3 北海道（ほっかいどう）

レタスの収穫量が 日本一の都道府県は？

1 長野県（ながのけん）　　**2** 茨城県（いばらきけん）

3 群馬県（ぐんまけん）

こたえ

❶ 熊本県

順位	県名	生産量
1位	熊本県	13万300t
2位	北海道	6万2900t
3位	愛知県	4万7700t
4位	茨城県	4万6300t

（2022年）（2024年版「データでみる県勢」）

解説

熊本県では，夏から秋にかけてはすずしい高原で，秋から春にかけては温暖な海沿いでトマトが栽培されています。

067

❷ 北海道

順位	県名	生産量
1位	北海道	181万9000t
2位	鹿児島県	9万7600t
3位	長崎県	8万3900t
4位	茨城県	4万8500t

（2022年）（2024年版「データでみる県勢」）

解説

じゃがいもは，北海道の十勝平野や長崎県の雲仙岳山ろくが代表的な産地です。

065

❶ 長野県

順位	県名	生産量
1位	長野県	18万2600t
2位	茨城県	8万6800t
3位	群馬県	5万6700t
4位	長崎県	3万7000t

（2022年）（2024年版「データでみる県勢」）

解説

長野県では，夏にすずしい高原でレタスを栽培し，他県からの出荷が少ない時期に出荷しています。

068

❸ 北海道

順位	県名	生産量
1位	北海道	82万1400t
2位	兵庫県	8万6400t
3位	佐賀県	8万4000t
4位	長崎県	2万8800t

（2022年）（2024年版「データでみる県勢」）

解説

たまねぎは寒さに強く，暑さに弱いので，北海道の気候に合った農作物です。

066

れんこんの収穫量が
日本一の都道府県は?

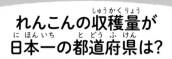

① 佐賀県　　② 徳島県

③ 茨城県

さとうきびの収穫量が
日本一の都道府県は?

① 沖縄県　　② 鹿児島県

③ 宮崎県

さつまいもの収穫量が
日本一の都道府県は?

① 北海道　　② 鹿児島県

③ 千葉県

りんごの収穫量が
日本一の都道府県は?

① 長野県　　② 青森県

③ 岩手県

❶ 沖縄県

1位	**沖縄県**	73万8000t
2位	**鹿児島県**	53万4000t

（2022年）（2024年版「データでみる県勢」）

解説

さとうきびはさとうの原料です。沖縄県や鹿児島県の島々など，気温が高い地域で栽培されます。

071

---

❸ 茨城県

1位	**茨城県**	2万8200t
2位	**佐賀県**	7330t
3位	**徳島県**	4950t
4位	**愛知県**	2760t

（2022年）（2024年版「データでみる県勢」）

解説

茨城県では霞ケ浦で栽培がさかんで，収穫量は全国の約5割をしめます。

069

---

❷ 青森県

1位	**青森県**	43万9000t
2位	**長野県**	13万2600t
3位	**岩手県**	4万7900t
4位	**山形県**	4万1200t

（2022年）（2024年版「データでみる県勢」）

解説

りんごの栽培は，すずしい気候に適しています。青森県，長野県，岩手県，山形県は，いずれもすずしい県です。

072

---

❷ 鹿児島県

1位	**鹿児島県**	21万0000t
2位	**茨城県**	19万4300t
3位	**千葉県**	8万8800t
4位	**宮崎県**	7万7900t

（2022年）（2024年版「データでみる県勢」）

解説

さつまいもは乾燥に強い作物です。火山灰などが積もり，乾燥した土地の多い鹿児島県で栽培がさかんです。

070

くだもののかきの収穫量が
日本一の都道府県は?

① 和歌山県 　② 福岡県

③ 京都府

もものの収穫量が
日本一の都道府県は?

① 長野県 　② 岡山県

③ 山梨県

ぶどうの収穫量が
日本一の都道府県は?

① 岡山県 　② 山梨県

③ 長野県

うめの収穫量が
日本一の都道府県は?

① 和歌山県 　② 三重県

③ 群馬県

③ 山梨県

1位	山梨県	3万5700t
2位	福島県	2万7700t
3位	長野県	1万2000t
4位	山形県	9800t

（2022年）（2024年版「データでみる県勢」）

解説

山梨県では甲府盆地，福島県では福島盆地で，ももの栽培がさかんです。

075

① 和歌山県

1位	和歌山県	4万2000t
2位	奈良県	2万9500t
3位	福岡県	1万7700t
4位	岐阜県	1万6200t

（2022年）（2024年版「データでみる県勢」）

解説

紀伊半島の紀の川が流れる和歌山県と奈良県で栽培がさかんです。

073

① 和歌山県

1位	和歌山県	6万4400t
2位	群馬県	3680t
3位	山梨県	1710t
4位	三重県	1500t

（2022年）（2024年版「データでみる県勢」）

解説

和歌山県の収穫量は全国の6割以上をしめます。高級品種の「南高梅」は和歌山県で誕生しました。

076

② 山梨県

1位	山梨県	4万800t
2位	長野県	2万8900t
3位	岡山県	1万4600t
4位	山形県	1万4000t

（2022年）（2024年版「データでみる県勢」）

解説

山梨県の甲府盆地は水はけがよく，昼と夜の気温差が大きいため，くだものの栽培に適しています。

074

肉用牛の飼育頭数が
日本一の都道府県は?

❶ 北海道　　❷ 鹿児島県

❸ 宮崎県

077

養殖かき類の収穫量が
日本一の都道府県は?

❶ 宮城県　　❷ 広島県

❸ 岩手県

079

ぶたの飼育頭数が
日本一の都道府県は?

❶ 宮崎県　　❷ 鹿児島県

❸ 北海道

078

養殖ほたての収穫量が
日本一の都道府県は?

❶ 北海道　　❷ 宮城県

❸ 鹿児島県

080

② 広島県

1位	**広島県**	9万6816t
2位	**宮城県**	2万5708t
3位	**岡山県**	1万4724t
4位	**兵庫県**	9484t

（2022年）（農林水産省）

解説

広島県の広島湾で養殖がさかんです。湾内は水面がおだやかなので，養殖に適しています。

079

① 北海道

1位	**北海道**	56万6400頭
2位	**鹿児島県**	35万7800頭
3位	**宮崎県**	26万200頭
4位	**熊本県**	13万9100頭

（2023年）（2024年版「データでみる県勢」）

解説

北海道の十勝平野や，鹿児島県と宮崎県に広がる「シラス台地」とよばれる火山灰の積もった土地で飼育がさかんです。

077

① 北海道

1位	**北海道**	8万5492t
2位	**青森県**	7万7882t
3位	**宮城県**	6828t
4位	**岩手県**	1876t

（2022年）（農林水産省）

解説

ほたては，水温の低い地域に生息します。北海道の内浦湾や青森県の陸奥湾で養殖がさかんです。

080

② 鹿児島県

1位	**鹿児島県**	115万3000頭
2位	**宮崎県**	81万8200頭
3位	**北海道**	75万9600頭
4位	**群馬県**	59万3700頭

（2023年）（2024年版「データでみる県勢」）

解説

鹿児島県では，「かごしま黒豚」というブランドぶたが有名です。

078

かに類の収獲量が日本一の都道府県は?

① 新潟県 （にいがたけん）
② 兵庫県 （ひょうごけん）
③ 北海道 （ほっかいどう）

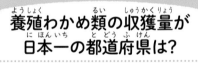

081

日本一工業生産額が多い都道府県は?

① 愛知県 （あいちけん）
② 東京都 （とうきょうと）
③ 神奈川県 （かながわけん）

083

養殖わかめ類の収獲量が日本一の都道府県は?

① 徳島県 （とくしまけん）
② 宮城県 （みやぎけん）
③ 兵庫県 （ひょうごけん）

082

原油※の産出量が日本一の都道府県は?

※地下から取り出されたままの状態の石油。（ちかからとりだされたままのじょうたいのせきゆ。）

① 北海道 （ほっかいどう）
② 新潟県 （にいがたけん）
③ 高知県 （こうちけん）

084

❶ 愛知県

1位	愛知県	47兆8946億円
2位	大阪府	18兆6058億円
3位	神奈川県	17兆3752億円
4位	静岡県	17兆2905億円

（2021年）（2024年版「データでみる県勢」）

解説

愛知県は，豊田市の自動車工業を中心に鉄鋼業や機械工業が発達しています。

083

❸ 北海道

1位	北海道	5039t
2位	鳥取県	3050t
3位	兵庫県	2457t
4位	島根県	2021t

（2021年）（2024年版「データでみる県勢」）

解説

日本周辺では，たらばがに，ずわいがに，毛がになど，さまざまなかにがとれます。

081

❷ 新潟県

1位	新潟県	30.6万kL
2位	秋田県	9.1万kL
3位	北海道	6.7万kL

（2021年度）（2024年版「データでみる県勢」）

解説

日本は原油のほとんどを輸入していますが，新潟県や秋田県などでわずかに産出します。

084

❷ 宮城県

1位	宮城県	2万2052t
2位	岩手県	1万4253t
3位	徳島県	3565t
4位	兵庫県	3028t

（2022年）（農林水産省）

解説

宮城県と岩手県には入り組んだリアス海岸がみられ，湾内でわかめなどの養殖がさかんです。

082

くつ下の生産額が日本一の都道府県は？

① 兵庫県（ひょうごけん）

② 大阪府（おおさかふ）

③ 奈良県（ならけん）

貿易額が日本一の空港は？

① 成田国際空港（なりたこくさいくうこう）

② 中部国際空港（ちゅうぶこくさいくうこう）

③ 関西国際空港（かんさいこくさいくうこう）

温泉の源泉数※が日本一の都道府県は？

※温泉（おんせん）がわき出る場所。

① 大分県（おおいたけん）

② 鹿児島県（かごしまけん）

③ 北海道（ほっかいどう）

総理大臣（首相）を一番多く出している都道府県は？

① 岩手県（いわてけん）

② 山口県（やまぐちけん）

③ 高知県（こうちけん）

こたえ

❶ 成田国際空港

1位 **成田国際空港** 28.9兆円
（千葉県）

2位 **関西国際空港** 9.9兆円
（大阪府）

3位 **中部国際空港** 2.0兆円
（愛知県）

（2021年）（2023/24年版「日本国勢図会」）

解説

航空機では，比較的軽量な機械類や新鮮さが大切な農作物などが運ばれます。

087

こたえ

❸ 奈良県

1位 **奈良県** 141億200万円

2位 **兵庫県** 39億3700万円

3位 **長野県** 15億6600万円

（2021年）（2024年版「データでみる県勢」）

解説

奈良県では，地域に根づいた地場産業として，くつ下の生産がさかんです。

085

こたえ

❷ 山口県

1位 **山口県** 8人

2位 **東京都** 5人

3位 **岩手県・群馬県・** 4人
広島県

（2023年）

解説

初代内閣総理大臣の伊藤博文も山口県出身です。最近では安倍晋三が山口県出身です。

088

こたえ

❶ 大分県

1位 **大分県** 5093

2位 **鹿児島県** 2745

3位 **静岡県** 2206

4位 **北海道** 2203

（2021年）（2024年版「データでみる県勢」）

解説

大分県には，別府温泉や湯布院温泉など，有名な温泉がたくさんあります。

086

今までで一番気温が低かったのは北海道の旭川。では，何度だった？

1 −31.0℃

2 −41.0℃

3 −51.0℃

日本三名園（庭園）はどこ？

ヒント ここにあるよ！ 3つ答えよう。

日本三景はどこ？

ヒント ここにあるよ！ 3つ答えよう。

天然の日本三大美林は？

ヒント ここにあるよ！ 3つ答えよう。

① 偕楽園（茨城県）
水戸市にある庭園です。梅の名所として知られています。

② 兼六園（石川県）
金沢市にある庭園です。雪で木の枝が折れないように，なわで枝をつる「雪つり」が有名です。

③ 後楽園（岡山県）
岡山市にある庭園です。すぐそばに岡山城があります。

091

---

② −41.0℃

1位	北海道旭川	−41.0℃
2位	北海道帯広	−38.2℃
3位	北海道江丹別	−38.1℃

（気象庁）

解説

1902年1月に記録しました。旭川市は，夏と冬の気温差（年較差）が28度ほどになり，寒暖差が大きいところです。

089

---

① 青森ひば（青森県）
おもに津軽半島に多くあります。

② 秋田すぎ（秋田県）
伝統的工芸品の大館曲げわっぱにも使われています。

③ 木曽ひのき（長野県）
伊勢神宮の木材にも使われています。

解説

人工の日本三大美林は天竜すぎ（静岡県），尾鷲ひのき（三重県），吉野すぎ（奈良県）となります。

092

---

① 松島（宮城県）

美しい海に松が生えた小さな島が約260あります。松尾芭蕉が訪れたことでも知られています。

② 天橋立（京都府）
海にのびる細長い砂浜に，たくさんの松が生い茂っています。

③ 宮島（広島県）
厳島神社などが世界文化遺産に登録されています。

090

日本の三大工業地帯はどこ？

ヒント ここにあるよ！　3つ答えよう。

093

日本三大名瀑（滝）はどこ？

ヒント ここにあるよ！　3つ答えよう。

095

日本三大急流はどこ？

ヒント ここにあるよ！　3つ答えよう。

094

日本三大夜景とされる都市はどこ？

ヒント ここにあるよ！　3つ答えよう。

096

❶ 華厳滝（栃木県）
落差97m。冬は周囲の小さな滝がこおります。

❷ 袋田の滝（茨城県）
落差120m。がけを四段落下することから「四度の滝」ともよばれます。

❸ 那智滝（和歌山県）
落差133m。神話の時代から神様としてあがめられています。

095

❶ 京浜工業地帯

東京都と神奈川県に広がります。機械工業や印刷業が発達しています。

❷ 中京工業地帯

愛知県を中心に広がります。自動車工業が発達しています。

❸ 阪神工業地帯

大阪府と兵庫県を中心に広がります。内陸部に日用品や家電製品をつくる中小工場が多いです。

093

❶ 函館（北海道）
函館山から，両側を海に囲まれた夜景を見ることができます。

❷ 神戸（兵庫県）
六甲山地の摩耶山から，大阪湾から瀬戸内海にかけての夜景を見ることができます。

❸ 長崎（長崎県）
稲佐山から，長崎港を中心にした山々に囲まれた夜景を見ることができます。

096

❶ 最上川
山形県を流れ，流域に山形盆地や庄内平野があります。

❷ 富士川
山梨県と静岡県を流れ，駿河湾に注ぎます。

❸ 球磨川
熊本県を流れます。球磨川下りが人気です。

094

何の地図記号？

ヒント お米をつくるところ。

097

何の地図記号？

ヒント みかん・ぶどうなどをつくるところ。

099

何の地図記号？

ヒント 野菜をつくるところ。

098

何の地図記号？

ヒント 日本を代表する飲み物の葉をつくるところ。

100

果樹園
（か じゅ えん）

りんご・みかん・なし・ぶどうなどのくだものを栽培している土地を表す記号です。りんごなどの実を横から見た形を記号にしています。
扇状地という，なだらかな土地で多くみられます。

099

田
（た）

お米（水稲）をつくる田んぼを表す記号です。いね（お米となる植物）を刈りとったあとの形を記号にしています。
お米のほか，い草，はす，わさび，せりなどを栽培している土地にも，この記号が使われます。

097

茶畑
（ちゃ ばたけ）

お茶を栽培している土地を表す記号です。茶の実をたて半分に切ったときに見える形を記号にしています。
静岡県や鹿児島県で多くみられます。

100

畑
（はたけ）

野菜などを栽培している土地を表す記号です。野菜などの「双葉」の形が元になっています。
水を使わないお米（陸稲），パイナップル，芝，牧草などを栽培している土地にも，この記号が使われます。

098

何の地図記号?

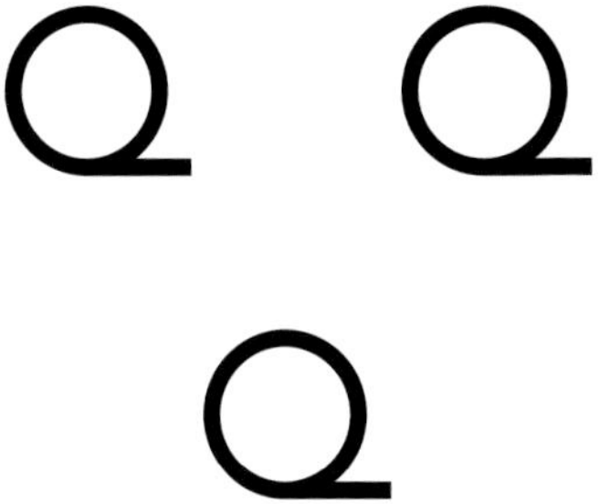

Q Q Q

ヒント 幅の広い葉をもつ樹木が集まっているところ。

101

何の地図記号?

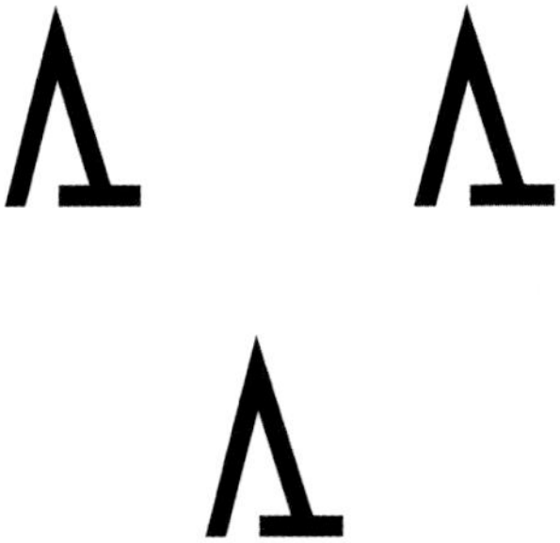

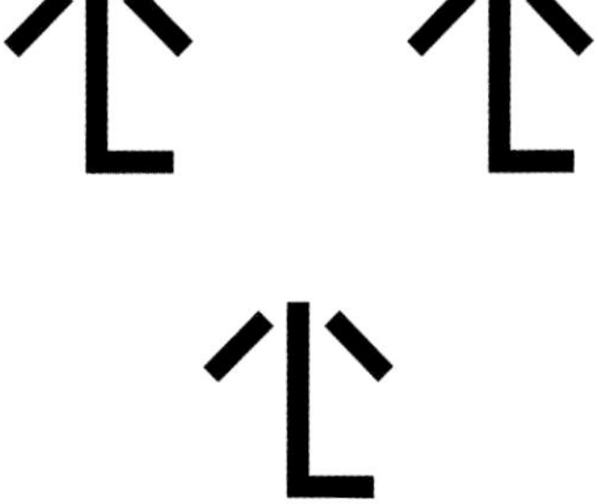

ヒント たけのこがとれるところ。

103

何の地図記号?

ヒント 細くとがった葉をもつ樹木が集まっているところ。

102

何の地図記号?

ヒント 雑草などがたくさん生えているところ。

104

065

竹林
たけ りん

竹がすき間なく生えている土地を表す記号です。竹が生えているようすと，その影を記号にしています。
たけのこは若いときの竹で，料理に使われます。

103

広葉樹林
こう よう じゅ りん

幅が広く，平たい葉をもつ樹木を広葉樹といい，ぶな・なら・けやき・かしなどがあります。広葉樹が集まった森林が広葉樹林です。
広葉樹を横から見た形を記号にしています。

101

荒地
あれ ち

荒れたまま利用されずに，雑草などが生えている土地を表す記号です。
水草などが生えている湿地や沼地などにも，この記号が使われます。
雑草が生えているようすを記号にしています。

104

針葉樹林
しん よう じゅ りん

針のように細くとがった葉をもつ樹木を針葉樹といい，まつ・すぎ・ひのきなどがあります。針葉樹が集まった森林が針葉樹林です。
杉の木を横から見た形を記号にしています。

102

何の地図記号?

ヒント 市に住む人がいろいろな手続きをするところ。

105

何の地図記号?

ヒント 文部科学省や法務省など，国の機関を示す地図記号。

107

何の地図記号?

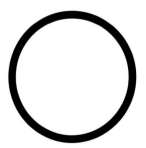

ヒント 町や村に住む人がいろいろな手続きをするところ。

106

何の地図記号?

ヒント 争いごとを解決するところ。

108

こたえ

官公署
かん こう しょ

国や地方の仕事をする機関のことを
官公署といい，文部科学省，法務
省，総務省などがあります。

107

こたえ

市役所（特別区の区役所）
し やくしょ　とくべつく　くやくしょ

市役所は，引っこしや結婚などの手
続きをする市の役所です。防災や教
育などの仕事もします。
東京都（23区）の区役所にも，こ
の記号が使われます。支所や出張
所などは除きます。

105

裁判所
さい ばん しょ

裁判所は法律にもとづいて争いごと
を解決したり，罪をおかしたかどう
かを判断したりする役所です。昔，
裁判の内容などを知らせていた立て
札の形を記号にしました。

108

こたえ

町村役場（政令指定都市の区役所）
ちょう そん やく ば　せいれいしていとし　くやくしょ

引っこしや結婚などの手続きをする
町や村の役所です。防災や教育な
どの仕事もします。
横浜市や大阪市など，人口が多い都
市（政令指定都市）の区役所にも，
この記号が使われます。

106

何の地図記号？

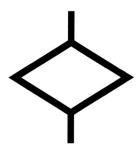

ヒント そろばんの玉とじくの形。

109

何の地図記号？

ヒント まちの安全を守ってくれるところ。

111

何の地図記号？

ヒント たくさんの警察官が仕事をするところ。

110

何の地図記号？

ヒント 火を消す道具の「さすまた」の形。

112

交番

警察官が仕事をする交番・派出所・駐在所を表す記号です。警察官がもっている警棒を交差させた形を記号にしています。

111

税務署

税務署は，税金についての仕事をする役所です。お金の計算をするので，そろばんの玉とじくの形を記号にしています。昔は電卓がなかったので，そろばんで計算しました。

109

消防署

消防士が仕事をしている消防署と，消防本部を表す記号です。昔，火を消す道具として使われていた「さすまた」の形が元になっています。

112

警察署

警察署は，たくさんの警察官が集まり，仕事をするところです。警棒を交差した形を○で囲んでいます。交番の地図記号とまちがえないように注意しましょう。

✕

交番

110

何の地図記号?

ヒント 「テ」の字から記号に。

113

何の地図記号?

ヒント 中学校を卒業した人に，さらにその上の教育をおこなうところ。

115

何の地図記号?

ヒント みんなが勉強するところ。

114

何の地図記号?

ヒント 病気のときに行くところ。

116

高等学校
こう とう がっ こう

高等学校（高校）を表す地図記号です。小・中学校の地図記号を○で囲んでいます。

小・中学校の地図記号とまちがえないように注意しましょう。

小・中学校

115

郵便局
ゆう びん きょく

昔，郵便に関係する仕事は「逓信省」という役所が行っていました。その頭文字のカタカナの「テ」を○で囲み，記号にしました。

113

病院
びょう いん

昔，日本にあった旧陸軍の衛生隊（医りょうに関する仕事をする兵士）のしるしを記号にしました。五角形と十字が組み合わされています。

保健所の地図記号とまちがえないように注意しましょう。

保健所

116

小・中学校
しょう ちゅう がっ こう

小学校と中学校を表す記号です。文字を習う場所なので，「文」を記号にしたと考えられています。

114

何の地図記号？

117

ヒント　初もうでや七五三で行くところ。

何の地図記号？

119

ヒント　昔，との様がつくった大きな建物のあと。

何の地図記号？

ヒント　初もうでやお墓参りに行くところ。

何の地図記号？

120

ヒント　たくさんの本があり，本を貸りられるところ。

城跡

城跡は，現在も天守閣や石垣，やぐらなどがあるところです。記号のそばに城の名前が書いてあります。
城をつくるときの縄ばり（建物やへいなどの区画）の形を記号にしています。

119

神社

神社の入り口などに立っている鳥居の形を記号にしています。大きな神社や有名な神社の場合は，名前が書いてあります。

117

図書館

本を開いた形を記号にしています。都道府県や市町村が運営する公立の図書館を表し，学校の図書館などにはこの記号は使われません。

120

寺院

寺院とはお寺のことです。仏教で用いる卍（まんじ）の形を記号にしています。大きなお寺や有名なお寺の場合は，名前が書いてあります。

118

074

何の地図記号?

ヒント 歴史的な物や絵などを展示しているところ。

121

何の地図記号?

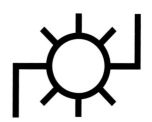

ヒント 電気をつくるところ。

123

何の地図記号?

ヒント 建物とつえの形。

122

何の地図記号?

ヒント 大きな羽根がぐるぐる回るところ。

124

発電所など
（はつでんしょ）

電気をつくる発電所と，電気を利用しやすいようにする変電所を表す記号です。
発電機（電気をつくる機械）の歯車と電気回路の形を使って記号にしました。

123

博物館
（はくぶつかん）

博物館や美術館，歴史館などを表す記号です。博物館の建物の入り口の形を記号にしています。

121

風車
（ふうしゃ）

風力発電（風を利用して電気をつくる施設）で使われる風車を表す記号です。風車を横から見た形を記号にしました。
全国の小・中学生から募集して採用された地図記号です。

124

老人ホーム
（ろうじん）

お年寄りが使うつえと建物の形を記号にしています。全国の小・中学生から募集して採用された地図記号です。

122

何の地図記号?

ヒント 湯気が立ちのぼっているところ。

(125)

何の地図記号?

ヒント 有名な人物の銅像など。

(127)

何の地図記号?

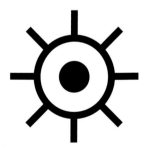

ヒント 海辺にあり，光を放つところ。

(126)

何の地図記号?

ヒント 過去の災害の状況や教訓を伝える ためにつくられた人工物。

(128)

こたえ

記念碑

さまざまな記念碑，銅像，石像などを表す記号です。石でできた記念碑の形とその影を記号にしました。東京都の渋谷駅前の忠犬ハチ公像も，この記号で表されています。

127

こたえ

温泉

温泉や鉱泉の泉源や浴場の位置を表します。湯気が立ちのぼった温泉のようすを記号にしました。日本で最初につくられた地図記号です。

125

こたえ

自然災害伝承碑

過去におきた津波，洪水，火山災害，土砂災害など，自然災害の情報を伝える石碑やモニュメントを表す記号です。

記念碑の地図記号に碑文（石碑などに刻まれた文字）を表すたて線を加えています。

記念碑

128

こたえ

灯台

灯台は海辺に建てられ，光で船に位置を知らせます。四方八方に光を放っている灯台を真上から見たところを記号にしています。原則としてすべての灯台が表示されます。

126

どこの国かな？

アジア

ヒント 世界で2番目に人口が多い国。パンダがたくさんいる。

129

どこの国かな？

アジア

ヒント 大草原が広がる国。チンギス・ハンが有名。

131

どこの国かな？

アジア

ヒント 日本の九州と向かい合う国。音楽が日本でも人気。

130

どこの国かな？

アジア

ヒント お米の輸出量が世界有数。象が大切にされている。

132

モンゴル

首都 ▶ ウランバートル

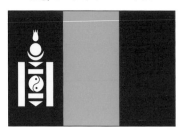

- 🍴 ボーズ (蒸し餃子)
- 🍃 ゴビ砂漠, オルホン渓谷
- 🏺 ゲル (テントの住居), 馬頭琴 (楽器)

131

中国 (中華人民共和国)

首都 ▶ 北京

- 🏛 万里の長城, 紫禁城 (故宮博物院)
- 🍴 北京ダック, 飲茶, マーボー豆腐
- 🏺 パンダ, 雑技 (サーカス)

129

タイ

首都 ▶ バンコク

- 🏛 ワット・プラ・ケオ (寺), アユタヤ遺跡
- 🍴 トムヤムクン, タイカレー
- 🏺 ムエタイ (格闘技), トゥクトゥク (乗り物)

132

韓国 (大韓民国)

首都 ▶ ソウル

- 🍴 キムチ, プルコギ (焼肉)
- 👕 チマ・チョゴリ
- 🏺 ハングル (文字), K-POP (音楽)

130

どこの国かな？

アジア

ヒント　南北に細長い国。お米のこなでつくったフォーという麺が有名。

133

どこの国かな？

アジア

ヒント　かつて「ビルマ」とよばれていた国。

135

どこの国かな？

アジア

ヒント　世界文化遺産のアンコール・ワットで有名な国。

134

どこの国かな？

アジア

ヒント　マーライオンで有名な小さな国。マレー半島の先端沖にある。

136

ミャンマー

首都 ▶ ネーピードー

🏠 シュエダゴン・パゴダ（仏塔）
🍃 エーヤワディー川，インレー湖
👕 ロンジー

135

ベトナム

首都 ▶ ハノイ

🍴 フォー（麺），バインミー（サンドイッチ）
🍃 ハロン湾，メコン川
👕 アオザイ

133

シンガポール

首都 ▶ 都市国家のため首都はない

🏠 マーライオン，マリーナベイ・サンズ
🍴 海南鶏飯（ハイナンチーファン），ラクサ（麺料理）
🍶 ホーカーズ（屋台街）

136

カンボジア

首都 ▶ プノンペン

🏠 アンコール・ワット，アンコール・トム
🍃 トンレサップ湖，メコン川
🍶 クロマー（布），アプサラダンス

134

どこの国かな？

ヒント 森林が豊富で，オランウータンが
くらす国。

137

どこの国かな？

ヒント 1万3000をこえる島々からなる
国。首都はジャワ島に位置する。

139

どこの国かな？

ヒント 日本へバナナをたくさん輸出して
いる国。

138

どこの国かな？

ヒント 世界一人口が多い国。
国民の多くがヒンドゥー教徒。

140

インドネシア

首都 ▶ ジャカルタ

🍴 ナシゴレン（東南アジア風チャーハン），
　 コーヒー豆，カカオ豆，えび
🐾 コモドドラゴン（トカゲのなかま）

139

マレーシア

首都 ▶ クアラルンプール

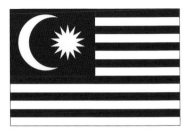

🏠 ペトロナス・ツインタワー
🍴 サテー（肉の串焼き）
🍃 キナバル山，マラッカ海峡

137

インド

首都 ▶ デリー（ニューデリー）

🏠 タージ・マハル，アグラ城
🍴 カレー，ナン（パン），ラッシー（飲料）
🍃 ガンジス川　　👘 サリー

140

フィリピン

首都 ▶ マニラ

🍴 バナナ，パイナップル
🍃 セブ島，ボラカイ島，
　 コルディリエーラの棚田

138

084

どこの国かな？

ヒント ヒマラヤ山脈が連なる。
海に面していない国。

141

どこの国かな？

ヒント インダス川が流れる国。
国民の多くがイスラム教徒。

143

どこの国かな？

ヒント インド洋にある島国。
仏教徒が多い。

142

どこの国かな？

ヒント バーミアーン遺跡が有名な国。
国土の大半が高原と砂漠。

144

パキスタン

首都 ▶ イスラマバード

🏠 モヘンジョ・ダロ遺跡,
　ハラッパー遺跡

🍃 カラコルム山脈, インダス川, 氷河

143

ネパール

首都 ▶ カトマンズ

🏠 スワヤンブナート寺院

🍴 モモ（ネパール風ぎょうざ）

🍃 エベレスト山（チョモランマ）

141

アフガニスタン

首都 ▶ カブール

🏠 バーミアーン遺跡　　🧥 ブルカ

💧 ラピスラズリ（宝石）,
　ブズカシ（スポーツ）

144

スリランカ

首都 ▶ スリジャヤワルダナプラコッテ

🏠 シーギリヤ遺跡, 仏歯寺

🍴 スリランカ・カレー, 紅茶

💧 ルビー, サファイア

142

どこの国かな？

アジア

ヒント かつてペルシアとよばれていた国。石油が豊富。

145

どこの国かな？

アジア

ヒント トルコとイラクにはさまれた国。地中海に面する。

147

どこの国かな？

アジア

ヒント 古代にメソポタミア文明が栄えた国。国土の大半が砂漠。

146

どこの国かな？

アジア

ヒント ユダヤ教・キリスト教・イスラム教の聖地がある国。

148

シリア

首都 ▶ ダマスカス

🏠 パルミラ遺跡, ウマイヤ・モスク(礼拝堂)
🍴 クッバ(肉団子)
🍃 砂漠, ゴラン高原

147

イラン

首都 ▶ テヘラン

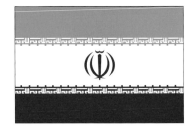

🏠 ペルセポリス遺跡, イマーム広場
👕 チャドル
🪶 ペルシアじゅうたん, 石油

145

イスラエル

首都 ▶ エルサレム※

※イスラエルはエルサレムを首都としているが,
　国際的には認められていない。

🏠 嘆きの壁, 岩のドーム
🍴 ファラフェル (コロッケ)
🍃 死海, ネゲブ砂漠

148

イラク

首都 ▶ バグダッド

🏠 ハトラ遺跡, ウルのジッグラト (聖塔)
🍃 ティグリス川, ユーフラテス川
🪶 ウード (楽器), 石油

146

どこの国かな？

アジア

ヒント イスラム教最大の聖地がある国。
国土の大半が砂漠。

149

どこの国かな？

アジア

ヒント アジアとヨーロッパの境にある
国。イスラム教徒が多い。

151

どこの国かな？

アジア

ヒント 人気の観光地ドバイがある国。
国土の大半が砂漠。

150

どこの国かな？

オセアニア

ヒント 600以上の島々からなり，
ニューギニア島の東部にある国。

152

トルコ

首都（しゅと）▶ アンカラ

🏠 スルタンアフメト・モスク
🍴 シシケバブ（肉の串焼き）, サバサンド
🍃 カッパドキアの奇岩（きがん）, パムッカレ

151

サウジアラビア

首都（しゅと）▶ リヤド

🏠 カーバ神殿（しんでん）, 預言者（よげんしゃ）のモスク
👗 アバヤ, トーブ
🔵 石油（せきゆ）, メッカ（イスラム教最大（きょうさいだい）の聖地（せいち））

149

パプアニューギニア

首都（しゅと）▶ ポートモレスビー

🍴 さつまいも, キャッサバ, タロいも
🍃 熱帯雨林（ねったいうりん）, 火山（かざん）
🔵 シンシン（おどり）

152

アラブ首長国連邦（しゅちょうこくれんぽう）

首都（しゅと）▶ アブダビ

🏠 ブルジュ・ハリファ,
　　パームアイランド（人工島（じんこうとう））
🔵 石油（せきゆ）, タカ狩（が）り

150

どこの国かな?

オセアニア

ヒント　先住民のアボリジナルピープルが
住む国。コアラのふるさと。

153

どこの国かな?

オセアニア

ヒント　南太平洋にある島国。
ラグビーがさかん。

155

どこの国かな?

オセアニア

ヒント　人よりも羊が多くいる国。
ラグビーの世界的な強豪国。

154

どこの国かな?

ヨーロッパ

ヒント　サッカーやラグビーなどのスポー
ツが生まれた国。

156

フィジー

首都 ▶ スバ

🍴 さとうきび，ロボ料理（蒸し料理）
🍃 火山島，さんごしょう
🏷 メケ（おどり），ラグビー

155

オーストラリア

首都 ▶ キャンベラ

🏠 シドニー・オペラハウス
🍃 ウルル（エアーズロック）
🏷 カンガルー，コアラ，カモノハシ

153

イギリス

首都 ▶ ロンドン

🏠 ウェストミンスター寺院，大英博物館
🍴 フィッシュ・アンド・チップス，紅茶
🏷 ２階建てバス

156

ニュージーランド

首都 ▶ ウェリントン

🍴 キウイフルーツ
🍃 アオラキ山（クック山）
🏷 ラグビー，キーウィ（鳥），羊

154

どこの国かな?

ヒント エッフェル塔がシンボル。
ワインの名産地。

157

どこの国かな?

ヒント 国の面積の約4分の1が海面より
低い土地。

159

どこの国かな?

ヒント EU（ヨーロッパ連合）の本部が
置かれている。

158

どこの国かな?

ヒント ライン川やエルベ川が流れる，
ソーセージとビールの国。

160

オランダ

首都 ▶ アムステルダム

🍴 チーズ，スタンポット（マッシュポテト）
🍃 ライン川，アイセル湖
🎨 チューリップ，風車，ゴッホ

159

フランス

首都 ▶ パリ

🏠 ベルサイユ宮殿，エッフェル塔，
　モン・サン・ミッシェル，凱旋門
🍴 バゲット（フランスパン），キッシュ（パイ料理）

157

ドイツ

首都 ▶ ベルリン

🏠 ケルン大聖堂，ベルリンの壁，
　ノイシュバンシュタイン城
🎨 ベートーベン，グリム童話，自動車

160

ベルギー

首都 ▶ ブリュッセル

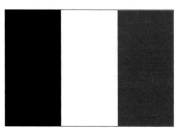

🏠 グランプラス（広場），小便小僧
🍴 チョコレート，ベルギーワッフル，
　フリッツ（フライドポテト）

158

どこの国かな?

ヒント 長ぐつのような形の国。
かつてローマ帝国が栄えた。

161

どこの国かな?

ヒント ユーラシア大陸でもっとも西にある国。

163

どこの国かな?

ヒント フラメンコの国。トマトを投げ合う「トマト祭り」がある。

162

どこの国かな?

ヒント アルプス山脈が連なる永世中立国。高級腕時計が有名。

164

ポルトガル

首都 ▶ リスボン

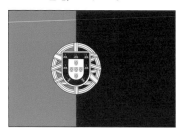

🏠 ジェロニモス修道院，ベレンの塔
🍴 バカリャウ（たらの塩づけ）
🌿 コルク

163

イタリア

首都 ▶ ローマ

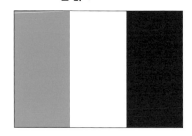

🏠 コロッセオ（円形闘技場），ピサの斜塔
🍴 ピザ，パスタ
🌿 ベスビオ火山，シチリア島

161

スイス

首都 ▶ ベルン

🍴 チョコレート，チーズフォンデュ
🌿 マッターホルン山，レマン湖
🌿 アルプホルン（楽器），登山列車

164

スペイン

首都 ▶ マドリード

🏠 サグラダ・ファミリア，
　アルハンブラ宮殿
🍴 パエリア，アヒージョ（にこみ料理）

162

どこの国かな?

ヨーロッパ

ヒント エーゲ海に面する。
オリンピックが生まれた国。

165

どこの国かな?

ヨーロッパ

ヒント 世界有数の水産国。
海岸線が複雑。

167

どこの国かな?

ヨーロッパ

ヒント 「人魚姫」で有名な作家であるア
ンデルセンの国。

166

どこの国かな?

ヨーロッパ

ヒント ノーベル賞の授賞式が行われる
国。

168

ノルウェー

首都 ▶ オスロ

🏠 ノルウェー王宮, ウルネスの木造教会
🍴 サーモン, にしん, たら
🍃 フィヨルド(奥深い湾), オーロラ, 白夜

167

ギリシャ

首都 ▶ アテネ

🏠 パルテノン神殿, メテオラの修道院
🍴 オリーブ, ぶどう, ヨーグルト
🍃 クレタ島, サントリーニ島

165

スウェーデン

首都 ▶ ストックホルム

🍴 ミートボール
🍃 氷河湖, オーロラ, 白夜
💧 スウェーデングラス

168

デンマーク

首都 ▶ コペンハーゲン

🏠 チボリ公園, ローゼンボー城
🍴 にしん, 豚肉　　💧 アンデルセン
🍃 グリーンランド (デンマークの領土の一部)

166

どこの国かな?

───── ヨーロッパ ─────

ヒント サンタクロース村がある国。
オーロラを見ることができる。

169

どこの国かな?

───── ヨーロッパ ─────

ヒント ショパンやマリー・キュリーの出
身国。

171

どこの国かな?

───── ヨーロッパ ─────

ヒント 首都が「音楽の都」とよばれる
国。

170

どこの国かな?

───── ヨーロッパ ─────

ヒント 黒海の北にある国。
ひまわり畑が有名。

172

こたえ

ポーランド

首都 ▶ ワルシャワ

- 🏠 ヴァヴェル城，ワルシャワ歴史地区
- 🍴 ピエロギ（ギョウザに似た料理）
- 🍦 ショパン，ポーランド陶器

171

こたえ

フィンランド

首都 ▶ ヘルシンキ

- 🍴 ライ麦パン，ロヒケイット（スープ）
- 🍦 オーロラ，白夜
- 🍦 サウナ，トナカイ

169

こたえ

ウクライナ

首都 ▶ キーウ

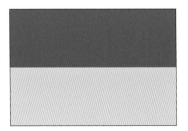

- 🏠 聖ソフィア大聖堂，木造教会群
- 🍴 小麦，大麦，ボルシチ（煮込みスープ）
- 🍦 コサックダンス（おどり），ひまわり

172

オーストリア

首都 ▶ ウィーン

- 🏠 ウィーン国立歌劇場，シェーンブルン宮殿
- 🍴 ウィンナーコーヒー，ザッハトルテ
- 🍦 モーツァルト，エーデルワイス（花）

170

どこの国かな？

ヒント 世界一面積が広い国。資源大国である。

173

どこの国かな？

ヒント 人口，面積ともに世界3位。ハリウッド映画が人気。

175

どこの国かな？

ヒント 世界で2番目に面積が広い国。森林が多い。

174

どこの国かな？

ヒント 「太陽の国」とよばれ，サボテンが有名な国。

176

アメリカ合衆国
首都 ▶ ワシントンD.C.

🏠 自由の女神像, ホワイトハウス
🍴 ハンバーガー, フライドポテト
🍃 グランド・キャニオン

175

ロシア連邦
首都 ▶ モスクワ

🏠 聖ワシリイ大聖堂
🍴 ビーフストロガノフ, ピロシキ (パン)
🍃 マトリョーシカ (人形)

173

メキシコ
首都 ▶ メキシコシティ

🏠 太陽のピラミッド, テオティワカン遺跡
🍴 タコス, ワカモレ (アボカドのソース)
👕 ソンブレロ (帽子)

176

カナダ
首都 ▶ オタワ

🍴 メープルシロップ, ロブスター
🍃 ナイアガラの滝, かえで
🍃 イヌイット (先住民), 赤毛のアン

174

どこの国かな?

ヒント カリブ海にある島国。
野球の世界的な強豪国。

177

どこの国かな?

ヒント アンデス山脈が連なる国。
ナスカの地上絵がある。

179

どこの国かな?

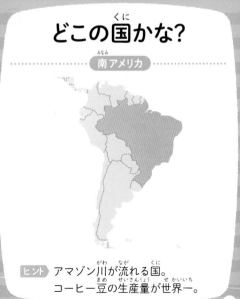

ヒント アンデス山脈が連なる国。
コーヒー豆の栽培がさかん。

178

どこの国かな?

ヒント アマゾン川が流れる国。
コーヒー豆の生産量が世界一。

180

ペルー

首都 ▶ リマ

🏠 マチュピチュ遺跡，ナスカの地上絵
🍃 アンデス山脈
👕 ポンチョ　　🥔 リャマ，アルパカ

179

キューバ

首都 ▶ ハバナ

🍴 さとうきび，
　　アロス・コングリ（たきこみごはん）
🔴 葉巻，サルサ（ダンス音楽），野球

177

ブラジル

首都 ▶ ブラジリア

🏠 コルコバードの丘のキリスト像
🍃 アマゾン川，イグアスの滝
🔴 サッカー，リオのカーニバル

180

コロンビア

首都 ▶ ボゴタ

🍴 コーヒー豆
🍃 アンデス山脈
🔴 サッカー，エメラルド，花

178

どこの国かな？

南アメリカ

ヒント アンデス山脈が連なる国。南部に氷河がみられる。

181

どこの国かな？

アフリカ

ヒント 砂漠が広がる国。ピラミッドやスフィンクスが有名。

183

どこの国かな？

南アメリカ

ヒント アンデス山脈の西側に位置する細長い国。

182

どこの国かな？

アフリカ

ヒント サハラ砂漠が広がる国。世界最小のパスタのクスクスが有名。

184

エジプト

首都▶カイロ

🏠 ピラミッド，スフィンクス，
　アブシンベル神殿，王家の谷
🍃 ナイル川，スエズ運河

183

アルゼンチン

首都▶ブエノスアイレス

🍴 アサード（厚切りの牛肉），マテ茶
🍃 イグアスの滝，パタゴニア
🍨 サッカー，アルゼンチンタンゴ

181

モロッコ

首都▶ラバト

🍴 タジン料理，たこ
🍃 サハラ砂漠，トドラ渓谷
🍨 バブーシュ（はきもの），モロッコランプ

184

チリ

首都▶サンティアゴ

🏠 モアイ像
🍴 ワイン，サーモン
🍃 アタカマ砂漠，ラパヌイ島（イースター島）

182

どこの国かな？

ヒント コーヒー豆（まめ）が発見（はっけん）された国（くに）といわれている。

185

どこの国かな？

ヒント アフリカ有数（ゆうすう）の石油産出国（せきゆさんしゅつこく）。

187

どこの国かな？

ヒント ライオン，サイ，カバなど野生動物（やせいどうぶつ）がたくさんいる。

186

どこの国かな？

ヒント アフリカ大陸（たいりく）でもっとも南（みなみ）にある工業（こうぎょう）がさかんな国（くに）。

188

ナイジェリア

首都 ▶ アブジャ

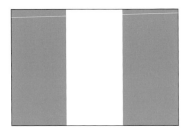

🍴 カカオ豆，なまず，落花生
🍃 ニジェール川
🫛 石油，天然ガス

187

エチオピア

首都 ▶ アディスアベバ

🏠 ラリベラの岩窟教会群
🍴 コーヒー豆，おくら
🍃 ダナキル砂漠

185

南アフリカ共和国

首都 ▶ プレトリア

🍃 喜望峰，クルーガー国立公園
🫛 金，ダイヤモンド，ラグビー，
　 ケープペンギン

188

ケニア

首都 ▶ ナイロビ

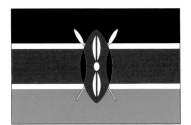

🍴 コーヒー豆，茶
🍃 ケニア山，マサイ・マラ国立保護区
🫛 マサイ族，サファリ，切り花

186

小学生の都道府県・世界の国カード315

都道府県
一問一答

表紙カード

北海道と
青森県を
結ぶ鉄道
トンネルは？

192

北海道の北東部にある
世界自然遺産
の半島は？

189

青森県と秋田県
の県境に広がる，
世界自然遺産
の山地は？

193

北海道の根釧台地で
さかんな，
乳用牛を飼育
する農業は？

190

青森県青森市で
夏に行われる，
東北三大祭りのひとつは？

194

冬に北海道のオホーツク
海沿岸に押し
寄せる氷の
かたまりは？

191

岩手県平泉
にある有名な
金色のお堂は
「中尊寺○○○」。

195

青函トンネル
せい かん

途中海底を通って北海道の松前半島（渡島半
島の南西部）と青森県の津軽半島を結ぶ，全
長53.85kmの鉄道トンネルです。

192

白神山地
しら かみ さん ち

白神山地には，世界的に貴重なぶなの原生林
（人の手が加わっていない森林）が残ります。

193

知床半島
しれ とこ はん とう

豊かな自然が残り，ひぐま・わし・あざらし
など，さまざまな動物がくらしています。

189

青森ねぶた祭
あお もり　　　　　まつり
（ねぶた祭）
まつり

ラッセラー

東北三大祭りとは，青森ねぶた祭，秋田竿燈
まつり（秋田県），仙台七夕まつり（宮城県）です。

194

酪農
らく のう

根釧台地ではたくさんの乳用牛が飼育され，
バターやチーズがつくられています。これを
酪農といいます。

190

金色堂
こん じき どう

中尊寺金色堂は1124年に奥州藤原氏によって
つくられ，世界文化遺産に登録されています。

195

流氷
りゅうひょう

冬になると，ロシアのほうから押し寄せてき
ます。厚さは50cm近くもあります。

191

110

岩手県に伝わる，
食べたそばの
数をきそう
郷土料理は？

196

秋田県の男鹿半島で
大みそかに
行われる
伝統行事は？

200

岩手県や宮城県の
三陸海岸につづく，
ギザギザの
海岸地形は？

197

弁当箱やおひつとして
使われる，秋田県大館市
の工芸品は？

201

宮城県の鳴子温泉や
白石市などで
つくられている，
木製の人形は？

198

山形県が全国の収穫量の
約7割をしめる
赤い実のくだものは？

202

宮城県仙台市で
夏に行われる，
東北三大祭りのひとつは？

山形県天童市で
古くからつくられている，
遊技（遊び）に使う
工芸品は？

199

203

こたえ

なまはげ
（男鹿のナマハゲ）

お面とわらの衣装を身につけた人が出刃包丁をもって家々を回り，災いを払い，福をよぶとされています。

200

こたえ

わんこそば

おわんに入れたひと口分のそばを食べ終わると同時に，次のそばが入れられます。

196

こたえ

曲げわっぱ
（大館曲げわっぱ）

秋田県でとれる杉を原料にしてつくられます。国の伝統的工芸品に指定されています。

201

こたえ

リアス海岸

かつて山だったところが海にしずみ，ギザギザの海岸になりました。ほかに，志摩半島（三重県）や長崎県などにみられます。

197

こたえ

さくらんぼ

山形盆地で栽培がさかんです。山形県は西洋なしの収穫量も日本一です。

202

こたえ

こけし
（宮城伝統こけし）

こけしは，温泉地で子どものおみやげ品としてつくられたのが始まりとされています。

198

こたえ

将棋こま
（天童将棋こま）

全国で生産されている将棋こまの約9割が，天童市で生産されています。

203

こたえ

仙台七夕まつり

商店街を七夕の笹かざりで彩ります。厄よけや商売繁盛などの願いが込められています。

199

福島県の会津地方で
つくられている，
牛の置き物は？

204

徳川家康が
まつられている，
栃木県日光市の
世界文化遺産は？

208

福島県出身で，
黄熱病の研究に
力をつくした
世界的な細菌学者は？

205

ゆうがおの実を
細長くむいて乾燥させた
栃木県の食品は？

209

茨城県水戸市の
特産品となっている，
大豆からつくられる
ねばねばした食べ物は？

206

世界文化遺産に
登録されている，
かつて糸をつくっていた
群馬県の工場は？

210

茨城県の霞ケ浦名物の，
つくだ煮などにされる
代表的な小魚は，
しらうおと何？

207

群馬県高崎市で
つくられている，
縁起物の置物は？

211

日光東照宮

はなやかな陽明門や「見ざる，言わざる，聞かざる」の「三猿」が有名です。

208

赤べこ

「べこ」は東北地方の方言で牛のこと。赤べこは魔よけ，お守りとして大切にされています。

204

かんぴょう

巻き寿司や煮物の具材などとして使われることが多いです。

209

野口英世

猪苗代湖のほとりの猪苗代町出身で，黄熱病の研究でアフリカにわたりました。

205

富岡製糸場

明治時代に日本の産業を発展させるために建てられた，糸をつくる工場です。

210

納豆

水戸市では，明治時代に納豆の商品化が進められ，納豆づくりがさかんになりました。

206

だるま

「高崎だるま」は江戸時代からつくられています。魔よけの意味もあります。

211

わかさぎ

つくだ煮のほか，煮干し，かんろ煮，天ぷらなど，いろいろな料理にして食べられます。

207

「湯もみ」と
「湯畑」で
有名な，
群馬県にある温泉は？

212

関東地方南部から
九州地方北部にかけての
海ぞいに帯状に連なる，
工業のさかんな地域は？

216

埼玉県さいたま市岩槻区
でつくられている，
ひな祭りや端午の節句で
かざられる工芸品は？

213

千葉県や鳥取県で栽培
がさかんな「二十世紀」，
「幸水」などの品種が
有名なくだものは？

217

江戸時代の
蔵造りの
町並みが残る
埼玉県の市は？

214

東京湾を通り，
千葉県と
神奈川県を
結ぶ有料道路は？

218

千葉県野田市で
生産がさかんな，
大豆からつくられる
調味料は？

215

日本一高いタワーの
東京スカイツリーの
高さは？

219

太平洋
ベルト

太平洋ベルトには人口も集中していて，多く
の大都市があります。

216

草津温泉

「湯もみ」は草津温泉に伝わる木の板で湯を
かき混ぜて，湯の温度を下げる方法です。

212

日本なし

二十世紀なしは，千葉県松戸市が発祥で，そ
の後，鳥取県に広まりました。

217

人形

岩槻区の人形づくりは江戸時代に始まり，国
の伝統的工芸品に指定されています。

213

東京湾
アクアライン

千葉県木更津市と神奈川県川崎市を結ぶ，全
長15.1kmの有料道路です。

218

川越（市）

蔵造りは，火事に備えて壁を厚くした丈夫な
造りに特徴があります。

214

634m

東京都周辺の旧名「武蔵国」にちなんで，
634mにされました。東京タワーは333mです。

219

しょうゆ

千葉県野田市や銚子市では，江戸時代から
しょうゆづくりが行われています。

215

東京都にある，
法律をつくる
機関のある
建物は？

220

スプーンやフォークなど
金属洋食器の生産が
さかんな，新潟県の
市は？

224

かつて幕府が
開かれた，
大仏で有名な
神奈川県の市は？

221

日本で一番栽培
されている
米の品種は？

225

日本でもっとも
大きい中華街が
ある神奈川県の
市は？

222

富山県と新潟県で
県の花に指定されている，
カラフルな花は？

226

新潟県の佐渡島
（さどがしま）
で生息している，
国の特別天然
記念物の鳥は？

223

富山県の
渓谷にある
高さ日本一の
ダムは？

227

こたえ

燕（市）

燕市では，大正時代に金属洋食器（スプーン，フォーク）の生産が始まりました。

224

こたえ

国会議事堂

法律をつくる機関を国会といい，話し合いが行われる建物を国会議事堂といいます。

220

こたえ

コシヒカリ

コシヒカリは福井県と新潟県で生まれました。全国各地でつくられていますが，新潟県産のものがとくに有名です。

225

こたえ

鎌倉（市）

鎌倉大仏は，かつては建物の中にありましたが，500年以上前の大風と地震によって建物が倒壊し，現在のように外に露出されました。

221

こたえ

チューリップ

切り花，球根ともに生産がさかんです。両県とも県の花に指定されています。

226

こたえ

横浜（市）

横浜市のほか，神戸市（兵庫県）と長崎市（長崎県）に大きな中華街があります。

222

こたえ

黒部ダム

黒部ダムは水力発電のためにつくられました。高さは186mもあります。

227

こたえ

トキ

日本産のトキは2003年に絶滅しましたが，中国から提供されたトキが佐渡島で育てられ，自然界に放されています。

223

富山湾を
代表する
青白く光る
いかは？

228

鯖江市を中心に生産され，
福井県が全国の生産額の
約9割をしめる日用品は？
232

石川県輪島市で
古くからつくられている，
うるしを使った
工芸品は？
229

福井県坂井市の
海岸にある，柱状の岩が
並んだ名所は？
233

石川県金沢市などで
つくられている，
もようが美しい伝統的
工芸品の焼物は？
230

太く平たい麺を
みそ汁で煮こ
んだ，山梨県
の郷土料理は？

234

福井県で水あげ
されるオスの
ずわいがにを
何とよぶ？

231

山梨県にある，
くだものの
栽培がさかんな
盆地は？

235

こたえ

めがね フレーム

鯖江市では1900年代の初めに，農家の冬の副業としてめがねフレームの生産が始まりました。

232

こたえ

ほたるいか

卵をうむ春から初夏にかけて，海の浅いところにやってきて，海を青く輝かせます。

228

こたえ

東尋坊

約1300〜1200万年前の溶岩が固まり，風や雨，波によってけずられてできました。

233

こたえ

輪島塗

輪島塗をはじめとする「塗物」は，うるしをぬってつくった器物です。

229

こたえ

ほうとう

かぼちゃ，長ねぎ，しいたけ，油あげなど，さまざまな具が使われ，栄養満点です。

234

こたえ

九谷焼

江戸時代に始まり，一時はつくられなくなりましたが，19世紀に再興しました。

230

こたえ

甲府盆地

甲府盆地は日本を代表する，ももやぶどうの産地です。

235

こたえ

越前がに

「越前」とは，昔の福井県のよび名です。メスは「せいこがに」とよばれます。

231

長野県を代表する
麺類といえば,
「信州〇〇」。

236

岐阜県の白川郷で
みられる家は
何づくりと
いわれる？

240

諏訪湖周辺で
発達している,
時計やカメラなどを
まとめて何という？

237

長良川，木曽川，揖斐川
の下流にみられる堤防で
囲んだ地域を何という？

241

長野県や岐阜県,
山梨県などにある
3000m級の山々を
まとめて何という？

238

静岡県の生産量が
全国の100％を
しめている楽器は？

242

岐阜県の長良川でみら
れる，鳥を使って
川魚をとる漁法は？

239

静岡県の大井川
下流にある
日本を代表する
茶の産地は？

243

121

合掌造り
（がっしょうづくり）

雪が積もりづらいように，屋根を急にしています。富山県の五箇山でもみられます。

240

そば

「信州」は長野県の昔のよび名。そばは，すずしい気候が栽培に適しています。

236

輪中
（わじゅう）

洪水から家や田畑を守るために，周りを堤防で囲んでいます。濃尾平野などに見られます。

241

精密機械
（せいみつきかい）

豊富な水ときれいな空気が精密機械の生産に適しています。電子部品の生産もさかんです。

237

ピアノ

静岡県ではピアノだけでなく，ギター，ハーモニカなど楽器の生産がさかんです。

242

日本アルプス
（にほんアルプス）

北アルプス（飛驒山脈）・中央アルプス（木曽山脈）・南アルプス（赤石山脈）からなります。

238

牧ノ原
（まきのはら）

牧ノ原はかつては荒れた土地でしたが，明治時代に開たくされました。静岡県は茶の収穫量が日本有数です。

243

うかい

縄でつないだ「う」という鳥を川に放し，魚を飲みこませます。長良川などで行われています。

239

徳川家康がつくった
「金のしゃちほこ」で
有名な城は？

244

「日本三大和牛」の
ひとつに
数えられる
三重県の和牛は？

248

愛知県豊田市に世界的な
メーカーがあり，愛知県
が生産額日本一の
工業製品は？

245

三重県四日市市の海ぞい
にある石油関連の工場が
集まった地域を
何という？

249

愛知県では，施設の中で
電灯を照らして
花をつくっています。
その花は？

246

滋賀県で
つくられている，
たぬきの置物で
有名な焼物は？

250

三重県にある，
全国でもっとも
格式が高いと
される神社は？

247

滋賀県と京都府の境の
比叡山にある，
最澄が開いたお寺は？

251

こたえ

松阪牛
（まつさかうし）

松阪牛は三重県松阪市で生産される肉用牛で，高級和牛として有名です。

248

こたえ

名古屋城
（なごやじょう）

しゃちほこは，頭は竜（または虎），胴体は魚の想像上の動物です。名古屋城のてっぺんにふたつのっています。

244

こたえ

石油化学コンビナート
（せきゆかがく）

石油を加工する石油精製工場を中心にさまざまな工場がパイプラインで結ばれ，石油製品をつくっています。

249

こたえ

自動車
（じどうしゃ）

豊田市にはトヨタ自動車の本社があり，自動車関連の工場もたくさんあります。

245

こたえ

信楽焼
（しがらきやき）

滋賀県甲賀市信楽町を中心につくられている焼物です。花器，食器，置物などがつくられています。

250

こたえ

きく（電照ぎく）
（でんしょう）

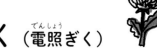

電灯を照らして花が開く時期を調整します。渥美半島などで栽培されています。

246

こたえ

延暦寺
（えんりゃくじ）

1200年以上前に最澄というおぼうさんが開いたお寺です。戦乱で一度焼き払われました。

251

こたえ

伊勢神宮
（いせじんぐう）

「お伊勢さん」と親しまれ，江戸時代には「伊勢参り」が流行しました。

247

足利義満がたてた，京都市にある金ぴかな建物は？

252

大阪府堺市にある面積が日本最大の古墳は？

256

京都市の八坂神社で行われる，千年以上の歴史をもつ祭りは？

253

兵庫県にある「白鷺城」とよばれる白く美しい城は？

257

戦国時代に天下を統一し，大阪城をつくった人は？

254

兵庫県神戸市と淡路島を結んでいる橋は？

258

江戸時代，商業の中心だった大阪は「○○の○○」とよばれた。

255

兵庫県小野市などで古くから生産されている，計算に使われる道具は？

259

125

大仙古墳
（仁徳天皇陵古墳，大山古墳）

古墳は昔の王や豪族の墓です。大山古墳は仁徳天皇の墓とされ，全長は約486mもあります。

256

金閣（寺）

金閣，銀閣，清水寺などが「古都京都の文化財」として世界文化遺産に登録されています。

252

姫路城

姫路市にある江戸時代の初めに現在の姿になった城です。世界文化遺産に登録されています。

257

祇園祭

毎年7月に1ヵ月行われる祭りで，「山鉾」とよばれる豪華な山車を引いて歩きます。

253

明石海峡大橋

「本州四国連絡橋」とよばれる，本州と四国を結ぶ橋のひとつです。日本一長いつり橋です。

258

豊臣秀吉

豊臣秀吉は織田信長の部下で，信長の死後，天下を統一しました。

254

そろばん
（播州そろばん）

天然の木を用いてつくられます。電卓の登場によって，生産量は減っています。

259

天下の台所

大阪は江戸時代に日本各地の物資が運ばれてきたため，商業が発達しました。

255

大仏と
しかで有名な
奈良県にある
聖武天皇がたてたお寺は？

260

日本三大名瀑
（滝）のひとつに
数えられる，
和歌山県の滝は？

264

奈良県にある
世界最古の木造建築の
お寺は？

261

和歌山県，奈良県，三
重県にまたがる世界文
化遺産は「○○山地の
霊場と参詣道」。

265

奈良県の大和郡山市で
養殖がさかんな，模様が
美しい小さな魚は？

262

和歌山県，愛媛県，静
岡県が全国の収穫量で
上位をしめるくだものは？

266

近畿地方
南部にある，
日本最大の
半島は？

263

鳥取県西部にある，
「伯耆富士」
とよばれる
火山は？

267

那智滝
な ち の たき

神話の時代から神様とあがめられています。
落差は133mもあります。

264

東大寺
とう だい じ

東大寺の大仏は752年につくられました。その後，何度も修復されています。

260

紀伊
き い

紀伊山地にある霊場（神社や寺がある神聖な場所）と，お参りするための道が世界文化遺産に登録されています。

265

法隆寺
ほう りゅう じ

法隆寺は607年ごろに聖徳太子によってつくられたお寺で，五重塔が有名です。

261

みかん

みかんは温暖な地域が栽培に適しています。

266

金魚
きん ぎょ

金魚の養殖は大和郡山市のほか，愛知県弥富市，熊本県長洲町でもさかんです。

262

大山
だい せん

標高1729mの中国地方でもっとも高い山で，古くから人々に信仰されてきました。

267

紀伊半島
き い はん とう

和歌山県，奈良県，三重県があります。紀伊山地が広い範囲をしめます。

263

鳥取県の
海ぞいにある,
日本最大級の
砂地は？

268

宍道湖でとれる,
島根県が
収獲量日本有数の貝は？

272

鳥取県が日本有数の
収穫量をほこる,
砂丘周辺で栽培が
さかんな農作物は？

269

岡山県と
香川県を結ぶ,
道路と鉄道が
通る橋は？

273

島根県にある,
大国主命などをまつる
縁結びの神様として
有名な神社は？

270

岡山県が全国の生産額の
約7割をしめる学校で
着る衣服は？

274

世界文化遺産に
登録されている,
かつて大量の銀が
とれた島根県の銀山は？

271

広島県と
愛媛県を結ぶ
道路をまとめて,
何海道という？

275

しじみ

<ruby>宍道湖<rt>しんじこ</rt></ruby>は<ruby>海水<rt>かいすい</rt></ruby>と<ruby>淡水<rt>たんすい</rt></ruby>（<ruby>塩分<rt>えんぶん</rt></ruby>をほとんどふくまない<ruby>水<rt>みず</rt></ruby>）が<ruby>混<rt>ま</rt></ruby>じる<ruby>湖<rt>みずうみ</rt></ruby>（<ruby>汽水湖<rt>きすいこ</rt></ruby>）で，<ruby>古<rt>ふる</rt></ruby>くからしじみ<ruby>漁<rt>りょう</rt></ruby>が<ruby>行<rt>おこな</rt></ruby>われています。

272

<ruby>鳥取砂丘<rt>とっとりさきゅう</rt></ruby>

<ruby>日本海沿岸<rt>にほんかいえんがん</rt></ruby>に<ruby>東西<rt>とうざい</rt></ruby>16kmにわたって<ruby>広<rt>ひろ</rt></ruby>がる<ruby>砂丘<rt>さきゅう</rt></ruby>です。

268

<ruby>瀬戸大橋<rt>せとおおはし</rt></ruby>

<ruby>岡山県倉敷市<rt>おかやまけんくらしきし</rt></ruby>と<ruby>香川県坂出市<rt>かがわけんさかいでし</rt></ruby>を<ruby>結<rt>むす</rt></ruby>ぶ<ruby>複数<rt>ふくすう</rt></ruby>の<ruby>橋<rt>はし</rt></ruby>をまとめたよび<ruby>名<rt>な</rt></ruby>です。1988<ruby>年<rt>ねん</rt></ruby>に<ruby>開通<rt>かいつう</rt></ruby>しました。

273

らっきょう

らっきょうは<ruby>乾燥<rt>かんそう</rt></ruby>に<ruby>強<rt>つよ</rt></ruby>い<ruby>農作物<rt>のうさくぶつ</rt></ruby>です。スプリンクラーで<ruby>水<rt>みず</rt></ruby>をまき，<ruby>栽培<rt>さいばい</rt></ruby>しています。

269

<ruby>学生服<rt>がくせいふく</rt></ruby>（<ruby>制服<rt>せいふく</rt></ruby>）

<ruby>せんい工業<rt>こうぎょう</rt></ruby>がさかんな<ruby>岡山県<rt>おかやまけん</rt></ruby>では，<ruby>学生服<rt>がくせいふく</rt></ruby>のほかにジーンズの<ruby>生産<rt>せいさん</rt></ruby>もさかんです。

274

<ruby>出雲大社<rt>いずもたいしゃ</rt></ruby>（<ruby>おおやしろ<rt></rt></ruby>）

<ruby>日本<rt>にほん</rt></ruby>をつくったとされる<ruby>大国主命<rt>おおくにぬしのみこと</rt></ruby>などをまつり，<ruby>旧暦<rt>きゅうれき</rt></ruby>の10<ruby>月<rt>がつ</rt></ruby>には<ruby>全国<rt>ぜんこく</rt></ruby>の<ruby>神様<rt>かみさま</rt></ruby>が<ruby>集<rt>あつ</rt></ruby>まります。

270

<ruby>瀬戸内<rt>せとうち</rt></ruby>しまなみ<ruby>海道<rt>かいどう</rt></ruby>（しまなみ<ruby>海道<rt>かいどう</rt></ruby>）

<ruby>広島県尾道市<rt>ひろしまけんおのみちし</rt></ruby>と<ruby>愛媛県今治市<rt>えひめけんいまばりし</rt></ruby>を<ruby>結<rt>むす</rt></ruby>ぶ<ruby>道路<rt>どうろ</rt></ruby>で，<ruby>複数<rt>ふくすう</rt></ruby>の<ruby>橋<rt>はし</rt></ruby>がかけられています。

275

<ruby>石見銀山<rt>いわみぎんざん</rt></ruby>

<ruby>石見銀山<rt>いわみぎんざん</rt></ruby>の<ruby>銀<rt>ぎん</rt></ruby>は，<ruby>中国<rt>ちゅうごく</rt></ruby>やヨーロッパへ<ruby>輸出<rt>ゆしゅつ</rt></ruby>されました。<ruby>現在<rt>げんざい</rt></ruby>は<ruby>閉山<rt>へいざん</rt></ruby>しています。

271

世界文化遺産に
登録されている，
原爆によって破壊された
広島市の建物は？

276

本州と九州を結ぶ
海底トンネルや橋がある
海峡はどこ？

280

瀬戸内の島々で
栽培がさかんで，
広島県が日本一の収穫量を
ほこるすっぱいくだものは？

277

徳島県徳島市で夏に
行われる，たくさんの
おどり手がおどり歩く
伝統行事は？

281

「○○料理」として有名な
山口県下関港で
水あげされる，
どくのある魚は？

278

徳島県が全国の収穫量の
9割以上をしめる
くだものは？

282

山口県にある
日本最大級の
鍾乳洞（どうくつ）は？

279

鳴門海峡で
有名な
自然現象
といえば？

283

こたえ

関門海峡
かんもんかいきょう

関門トンネルや関門橋がつくられ，鉄道や車で本州と九州の間を行き来できます。

280

こたえ

原爆ドーム
げんばく

原子爆弾（原爆）による爆風と熱によって破壊され，鉄骨がむき出しになっています。

276

こたえ

阿波おどり
あわ

「おどるあほうに見るあほう…」と歌い，ふえや三味線などに合わせて，おどり歩きます。

281

こたえ

レモン

生口島などで栽培されています。お菓子やケーキ，ジュースなどに加工されます。

277

こたえ

すだち

すだちはかんきつ類で，焼き魚の香りづけやなべ料理などに使われます。

282

こたえ

ふぐ

下関市では，「福」にちなんで，「ふく」とよばれます。ふぐ専用の市場もあります。

278

こたえ

うずしお
（鳴門のうずしお）
なると

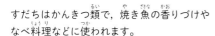

しおの流れの関係で発生し，大きなものは直径20mにもなります。

283

こたえ

秋芳洞
あきよしどう

地下100mのところにある鍾乳洞で，全長は11km以上あるとされています。

279

香川県で
古くから
つくられている，
伝統のうちわは？

284

愛媛県今治市で生産
がさかんで，愛媛県が
生産額日本一の
日用品は？

288

香川県名物
といえば，
何うどん？

285

愛媛県松山市にある，
夏目漱石の小説
『坊っちゃん』で
有名な温泉は？

289

小豆島で栽培が
さかんで，香川県
が収穫量日本一
の農作物は？

286

一本づりで
有名な
高知県を
代表する魚は？

290

愛媛県が
収穫量日本有数の，
ニュージーランド産の
ものが有名なくだものは？

287

高知平野で冬にビニール
ハウスや温室を
利用して行わ
れる農業は？

291

タオル

今治市では，明治時代に生産が始まりました。
「今治タオル」として知られています。

288

丸亀うちわ

丸亀市で江戸時代からつくられています。国の伝統的工芸品に指定されています。

284

道後温泉

8世紀の歴史書『日本書紀』に登場する古い温泉です。

289

さぬきうどん

香川県は人口1万人あたりの「そば・うどん店」の数が日本一です。

285

かつお

かつおをいぶし，酢じょう油をかけて食べる郷土料理「かつおのたたき」が有名です。

290

オリーブ

香川県が全国の8割以上を栽培しています。小豆島は日本で初めて栽培に成功しました。

286

促成栽培

出荷時期を早め，高く売れる時期に出荷します。なすやピーマンなどを栽培します。高知平野，宮崎平野など温暖な地域でさかんです。

291

キウイ
フルーツ

原産地は中国ですが，ニュージーランドで改良され，世界に広まりました。

287

高知県を流れる
四国最長の
川は?

292

佐賀県にある,
弥生時代の
大集落の遺跡は?

296

福岡県にある,
「学問の神様」を
まつった神社は?

293

かつて朝鮮から連れて
こられた職人が
始めた, 佐賀県の
伝統的な焼物は?

297

福岡市で5月に
行われる,
仮装してまちを
ねり歩く港祭りは?

294

佐賀県の
有明海などに生息する,
干がたをはい回る魚は?

298

福岡県で栽培がさかんな,
「あまおう」で有名な
農作物は?

295

長崎県, 愛媛県や
三重県で有名な,
貝からとれる宝石は?

299

こたえ

吉野ヶ里遺跡
よしのがりいせき

周りは二重のほりとさくに囲まれ，物見やぐらや高床倉庫のあとがみつかりました。

296

こたえ

四万十川
しまんとがわ

四万十川は，人の生活と川が深くかかわり，豊かな自然が残ります。

292

こたえ

伊万里・有田焼
いまり　　ありたやき
（伊万里焼・有田焼）
　いまりやき　ありたやき

17世紀初めに朝鮮の焼物職人が原料となる陶石を発見し，つくりはじめられました。

297

こたえ

太宰府
だざいふ
天満宮
てんまんぐう

「学問の神様」とよばれた菅原道真をまつった神社です。たくさんの受験生が訪れます。

293

こたえ

むつごろう

はぜのような外見で，胸びれで泥をはい回ったり，はねたりして移動します。

298

こたえ

博多どんたく港まつり
はかた　　　　　　　みなと
（博多どんたく）
　はかた

仮装をして，三味線を弾いたり，しゃもじを打ち鳴らしたりしてまちをねり歩きます。

294

こたえ

真珠
しんじゅ

真珠はアコヤガイなどのからの中にできます。長崎県，愛媛県，三重県では養殖がさかんです。

299

こたえ

いちご

福岡県は，栃木県と並ぶいちごの産地です。あまおうは福岡県でつくられた品種です。

295

長崎県にある,
韓国との国境に
いちばん近い
島は?

300

熊本県など九州で
生産がさかんな超小型
の電子回路を何という?

304

長崎県長崎市で
10月に行われる,
龍踊で有名な祭りは?

301

大分県が
全国収穫量の
9割以上を
しめるくだものは?

305

熊本県で生産が
さかんな,
たたみに
使われる草は?

302

「血の池地獄」,
「海地獄」などの
「地獄めぐり」で有名な
大分県の温泉は?

306

熊本県にある,
世界最大級の
カルデラで
有名な山は?

303

大分県で
行われている,
火山の地下熱を
利用した発電は?

307

こたえ

アイシー
IC（集積回路）

I Cはパソコンをはじめ，さまざまな電子機器に使われています。

304

こたえ

つしま
対馬

韓国までの距離はわずか49.5kmです。古くから朝鮮半島とのつながりが深い島です。

300

こたえ

かぼす

ゆずの一種で，大分県の特産品です。ポン酢しょう油の酸味などに使われています。

305

こたえ

なが さき
長崎くんち

龍踊や唐人船など，中国やオランダなどの文化の影響を受けた出し物がひろうされます。

301

こたえ

べっ ぷ おん せん
別府温泉

１日にわき出るお湯の量と，源泉（温泉がわき出る場所）の数は，大分県が日本一です。

306

こたえ

ぐさ
い草

おもに八代平野で，稲作が終わったあとにつくられています。収穫量は全国の９割以上をしめます。

302

こたえ

ち ねつ はつ でん
地熱発電

地下の蒸気や熱水を利用し，タービン（発電機の羽）を回して発電します。

307

こたえ

あ そ さん
阿蘇山

カルデラは火山のふん火などにより，頂上付近が落ち込んでできたくぼ地です。

303

柱のように切り立った
がけが川の
両岸に続く
宮崎県の名所は?

308

鹿児島県の桜島名物の
巨大な野菜は
「桜島○○○○」。

312

宮崎平野で栽培がさか
んで，茨城県と宮崎県
が全国の収穫量で上位
をしめる野菜は?

309

沖縄県那覇市にある，
琉球王国時代の
あざやかな朱色の王城は?

313

鹿児島県にある，
現在もたびたび
ふん火する
火山は?

310

たいこを
たたきながら
おどる沖縄県の
伝統行事は?

314

鹿児島県にある，
縄文杉で
有名な島は?

沖縄県で全国の
ほぼ100%を栽培している，
フィリピンからの
輸入が多いくだものは?

311

315

こたえ

だいこん

「桜島だいこん」は，大きいものは重さが
30kg以上もあります。

312

こたえ

高千穂峡

溶岩流が川に沿って帯状に流れ出し，急激に
冷やされてできました。

308

こたえ

首里城

沖縄県は，かつて琉球王国という独立国で，
日本や中国との貿易で栄えました。
※2019年に火災による被害を受けました。

313

こたえ

ピーマン

宮崎平野では，冬にビニールハウスや温室を
利用してピーマンやきゅうりを栽培（促成栽
培）しています。

309

こたえ

エイサー

旧盆に行われ，先祖を供養します。三線や太
鼓の演奏に合わせておどります。

314

こたえ

桜島

ふん火すると，鹿児島市内などに火山灰が降
ることがあります。

310

こたえ

パイナップル

気温が高い地域が栽培に適しています。フィ
リピンや台湾からも輸入しています。

315

こたえ

屋久島

屋久島にある杉を屋久杉といいます。なかでも
縄文杉とよばれる樹齢数千年の杉が有名です。

311